...vre illustré

...AVALIER

... des divers
...ments militaires

ÉDITION 1915

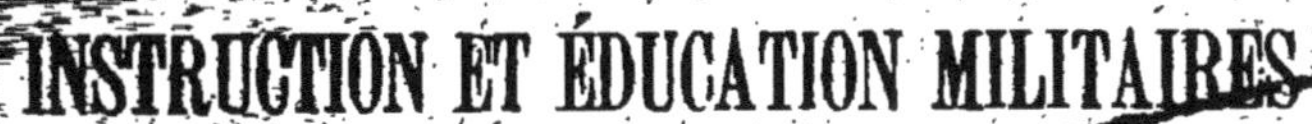

INSTRUCTION ET ÉDUCATION MILITAIRES

LE Petit Livre Illustré DU CAVALIER

Extrait par demandes et réponses des divers règlements militaires

16e ÉDITION — 1915

PARIS
HENRI CHARLES-LAVAUZELLE
Éditeur militaire
124, Boulevard Saint-Germain, 124.

TABLE DES MATIÈRES

NOTA. — Les corps de troupe, services et établissements de la cavalerie ont été autorisés par décisions ministérielles à acheter le **Manuel du Gradé de cavalerie** et le **Petit Livre illustré du Cavalier** sur les fonds dont ils disposent.

LE PETIT LIVRE ILLUSTRÉ DU CAVALIER

CHAPITRE Ier

LES VERTUS MILITAIRES

D. **Pourquoi existe-t-il une armée ?**

R. Parce que, si nous voulons rester Français et n'avoir à craindre ni l'invasion ni la domination étrangères, il faut nous tenir toujours prêts à défendre notre liberté.

D. **Quel est le but du service militaire ?**

R. Le but du service est de donner à tout citoyen l'instruction militaire et aussi de lui inculquer les sentiments d'honneur, de discipline, de dévouement, d'audace et de solidarité qui ont été de tout temps l'apanage du soldat français.

D. **Qu'est-ce que l'honneur ?**

R. C'est le sentiment qui nous détermine à accomplir les actions qui nous relèvent à nos propres yeux et à éviter celles qui nous abaissent. Entre autres choses, l'honneur exige du soldat le respect de lui-même, le culte du drapeau, la fidélité aux lois du pays, l'humanité envers un ennemi hors de combat.

D. **Qu'est-ce que le courage ?**

R. Le courage ne consiste pas seulement à affronter la mort devant l'ennemi : il consiste aussi à supporter avec fermeté les fatigues et les privations de toute nature que les troupes endurent toujours à la guerre.

D. **Qu'est-ce que la discipline ?**

R. La discipline consiste à obéir aux supérieurs en tout ce qu'ils commandent pour le bien du service, l'exécution des règlements militaires et l'observation des lois.

La discipline tend toutes les volontés vers un but commun et les fait obéir aux moindres impulsions du commandement. En coordonnant les efforts, elle assure aux armées leur principale force et leur meilleure garantie de succès.

D. Qu'est-ce que le dévouement ?

R. C'est le sentiment généreux qui pousse l'homme à faire le sacrifice de sa vie pour le salut de la patrie ou celui de ses camarades.

D. Qu'est-ce que l'audace ?

R. C'est une qualité de l'âme qui incite celui qui la possède à tenter l'impossible. Les entreprises audacieuses sont presque toujours couronnées de succès.

D. Qu'est-ce que la solidarité ?

R. C'est le sentiment qui unit les frères d'armes. Le soldat doit aimer ses camarades et tâcher de s'en faire aimer. Il ne doit jamais rien faire ou rien dire qui puisse attaquer la dignité de ses camarades ou celle de ses chefs. A la guerre, la solidarité ne doit pas s'exercer seulement vis-à-vis des militaires de la troupe à laquelle on appartient : elle doit aussi s'étendre à toutes les troupes qui combattent sous le drapeau français.

CHAPITRE II

ORGANISATION DE L'ARMÉE

D. De quoi se compose l'armée française ?

R. Elle se compose de trois grandes fractions : l'armée de terre, les troupes coloniales et l'armée de mer.

D. De quoi se compose l'armée de terre ?

R. Au point de vue des contingents en hommes, elle se compose de l'armée active et de sa réserve, de l'armée territoriale et de sa réserve.

D. Comment se recrute l'armée de terre ?

R. Elle se recrute par les appels annuels, par les engagements et les rengagements.

D. Quel est le principe fondamental de la loi de recrutement ?

R. Le grand principe de la loi de recrutement est que tout Français valide doit le service militaire obligatoire et personnel. On fait partie de l'armée active pendant trois ans, de la réserve pendant onze ans, de l'armée territoriale pendant sept ans et de la réserve de l'armée territoriale également pendant sept ans.

D. **N'y a-t-il pas des militaires qui servent dans l'armée active pendant plus de trois ans ?**

R. Si, il y a les engagés volontaires, les rengagés et les commissionnés (1).

D. **En quoi consistent ces différentes catégories de militaires ?**

R. Les engagés et les rengagés sont des hommes qui consentent à rester sous les drapeaux pendant un temps *déterminé*. En échange, l'Etat leur doit certains avantages. Les commissionnés sont des militaires qui, parvenus à la limite au delà de laquelle la loi ne permet plus de se rengager, servent en vertu d'un contrat *résiliable* soit à la volonté de l'intéressé, soit à celle de l'Etat.

D. **Quels avantages l'Etat fait-il aux engagés et aux rengagés ?**

R. Il leur donne une prime, une haute paye et un emploi civil à leur libération. Il leur fait une véritable situation, particulièrement dans la cavalerie.

D. **Comment l'armée active est-elle organisée ?**

R. Le territoire (France et Algérie) a été divisé en 21 régions. Chacune d'elles est le siège d'un corps d'armée.

Les chefs-lieux de ces vingt et une régions sont :

1, Lille; 2, Amiens; 3, Rouen; 4, Le Mans; 5, Orléans; 6, Châlons-sur-Marne; 7, Besançon; 8, Bourges; 9, Tours; 10, Rennes; 11, Nantes; 12, Limoges; 13, Clermont-Ferrand; 14, Grenoble; 15, Marseille; 16, Montpellier; 17, Toulouse; 18, Bordeaux; 19, Alger; 20, Nancy; 21, Epinal.

D. **Quelle est la composition d'un corps d'armée ?**

R. Le corps d'armée comprend sur le pied de paix comme principaux éléments : deux ou trois divisions d'infanterie, une brigade d'artillerie, un escadron du train des équipages et divers services.

La division d'infanterie (2), commandée par un

---

(1) En vertu des lois de recrutement antérieures.
(2) Exception est faite pour les divisions du 19e corps (Algérie) qui ont une composition particulière.

général de division, comprend deux brigades de deux régiments chacune et une artillerie divisionnaire.

D. Qu'appelle-t-on les « différentes armes » ?

R. Les différentes armes sont : 1° l'infanterie, qui comprend 173 régiments de ligne, 31 bataillons de chasseurs à pied, 6 régiments de zouaves, 12 régiments de tirailleurs indigènes, des régiments étrangers, 5 bataillons d'infanterie légère d'Afrique, etc.; 2° la cavalerie; 3° l'artillerie, qui comprend 9 régiments d'artillerie à pied, 5 régiments d'artillerie lourde, 62 régiments d'artillerie de campagne; 2 régiments d'artillerie de montagne et 10 groupes autonomes stationnés dans l'Afrique du Nord; 4° le génie, composé de 9 régiments de sapeurs de campagne, 1 régiment de sapeurs de chemins de fer, 1 régiment de sapeurs télégraphistes plus un certain nombre de bataillons formant corps; 5° le train des équipages, comprenant 21 escadrons; 6° la gendarmerie, forte de 27 légions, plus la garde républicaine de Paris.

Il faut y ajouter les troupes d'administration, c'est-à-dire les sections de secrétaires d'état-major et de recrutement, de commis et ouvriers militaires d'administration, d'infirmiers militaires. Il faut mentionner enfin les *sections spéciales* où l'on envoie les militaires dont la mauvaise conduite au régiment constitue un exemple dangereux pour leurs camarades.

D. De quoi se compose la cavalerie ?

La cavalerie comprend : 12 régiments de cuirassiers, 32 de dragons, 23 de chasseurs, 14 de hussards, 6 de chasseurs d'Afrique, 6 de spahis.

Les régiments stationnés en France et ceux de chasseurs d'Afrique sont constitués à 4 escadrons actifs et un dépôt; ceux de spahis, d'un nombre variable d'escadrons actifs.

La cavalerie comprend encore 4 compagnies de cavaliers de remonte pour le service de la remonte en Algérie-Tunisie, 17 groupes de cavaliers de remonte affectés au service de la remonte en France, et des escadrons de spahis coloniaux.

Les régiments de cavalerie sont groupés en brigades. Une brigade comprend deux ou trois régi-

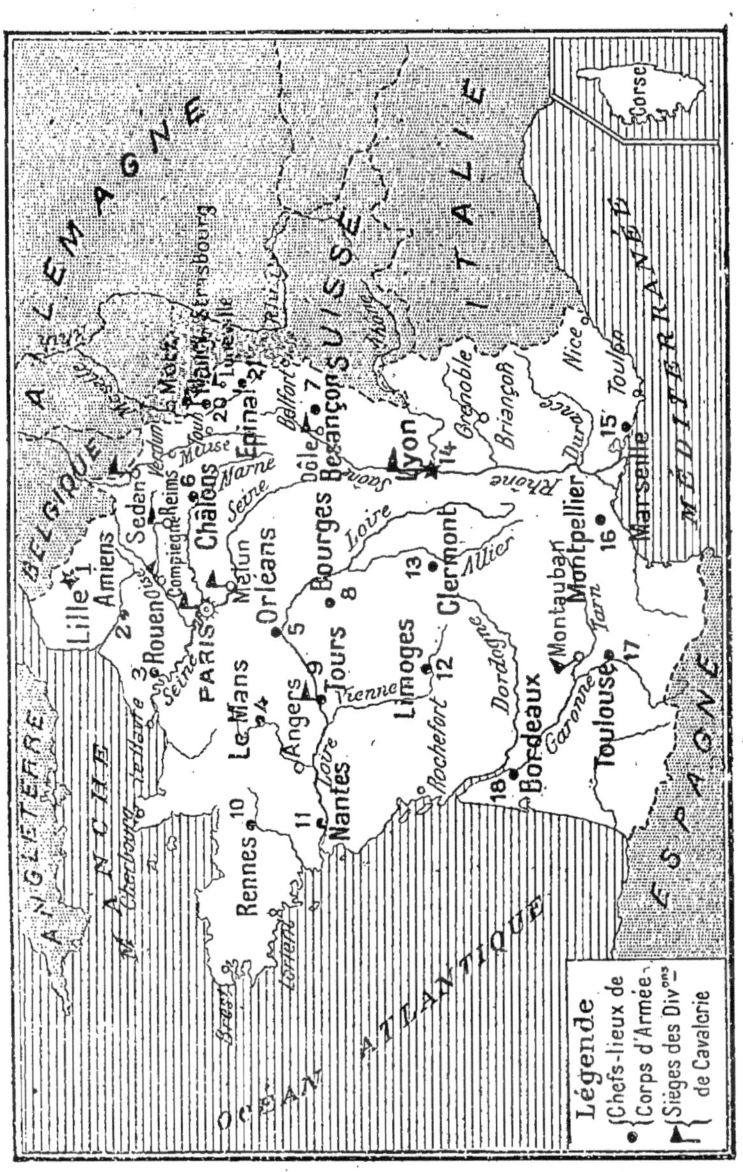

Carte de France.

ments et une section de mitrailleuses, sous les ordres d'un général de brigade.

Les brigades (à l'exception de celles formées par les régiments d'Afrique) sont groupées *en divisions de cavalerie.*

Chaque division de cavalerie est commandée par un général de division. Elle comprend trois ou quatre brigades, un groupe de trois batteries d'artillerie à cheval et un groupe cycliste.

Il y a dix divisions de cavalerie, dont les sièges sont : 1re, Paris; 2e, Lunéville; 3e, Compiègne; 4e, Sedan; 5e, Reims; 6e, Lyon; 7e, Melun; 8e Dôle; 9e, Tours; 10e, Montauban.

D. **De quoi se compose l'armée coloniale ?**

R. L'armée coloniale comprend : l'infanterie coloniale, se composant de régiments métropolitains, de régiments ou unités stationnés aux colonies, de corps indigènes d'infanterie et d'un corps disciplinaire; l'artillerie coloniale, se composant de régiments métropolitains et de groupes de batteries stationnés aux colonies; la gendarmerie coloniale.

D. **De quoi se compose l'armée de mer ?**

R. L'armée de mer comprend les équipages de la flotte et les corps assimilés.

CHAPITRE III

LE RÉGIMENT DE CAVALERIE

D. **De quoi se compose un régiment de cavalerie ?**

R. Le régiment de cavalerie est commandé par un colonel. Il se compose de deux demi-régiments, commandés chacun par un chef d'escadrons et composés de deux escadrons. Le régiment comprend encore le peloton hors rang et un dépôt.

D. **De quoi se compose un escadron ?**

R. Un escadron est commandé par un capitaine commandant. Il se compose de quatre pelotons, commandés chacun par un lieutenant ou sous-lieutenant.

D. **De quoi se compose un peloton ?**

R. Un peloton se compose d'une quarantaine de cavaliers répartis en trois escouades. Chaque escouade est commandée par un brigadier. De plus, l'officier de peloton est secondé par un ou deux sous-officiers, du grade de maréchal des logis.

D. **Pourquoi y a-t-il autant d'officiers et de gradés dans un escadron ?**

R. Parce qu'à la guerre et aux manœuvres, ou au service en campagne, l'escadron ou le peloton sont fréquemment appelés à se fractionner en petits groupes destinés soit à rechercher l'ennemi, soit à prévenir de sa présence. Ces petits groupes — qui portent, suivant le cas, le nom de reconnaissances ou celui de patrouilles — sont toujours commandés par un officier ou par un gradé.

D. **N'y a-t-il pas dans le régiment d'autres officiers que ceux dont il a été question jusqu'ici ?**

R. Si; en dehors des escadrons, il y a les officiers de l'état-major du régiment, c'est-à-dire : le lieutenant-colonel, destiné à seconder le colonel dans toutes les parties du service ou à le remplacer s'il s'absente; le major, chargé de diriger l'administration du régiment; le capitaine trésorier et son adjoint; le capitaine chargé du matériel; les capitaines du cadre complémentaire; le capitaine adjoint au colonel, chargé de toutes les branches de l'instruction qui ne se donnent pas dans l'escadron ou le demi-régiment (sapeurs, télégraphistes, trompettes, entraînement pour les courses de sous-officiers, etc.); les médecins; les vétérinaires.

D. **N'existe-t-il pas des sous-officiers en dehors des escadrons ?**

R. Si; en dehors des escadrons, il y a les adjudants-chefs, les adjudants et autres sous-officiers du peloton hors rang, etc.

D. **N'existe-t-il pas dans l'escadron d'autres sous-officiers que ceux dont il a été déjà question ?**

R. Si; il y a les comptables de l'escadron, qui sont le maréchal des logis chef et le maréchal des logis fourrier, un adjudant et, dans un escadron sur deux, un maréchal des logis premier maître maréchal ferrant.

CHAPITRE IV

LES DIVERS GRADES. LES MARQUES EXTÉRIEURES DE RESPECT

D. A quoi reconnait-on les divers grades ?

R. Aux galons qui sont portés sur les manches. On les reconnaît également aux galons du képi et aux épaulettes.

D. Quels galons distinguent les différents grades ?

R. Le brigadier a deux galons en laine rouge; le maréchal des logis, un galon d'argent; le maréchal des logis chef, deux galons d'argent.

Le maréchal des logis fourrier porte, en plus des insignes de son *grade*, celui de sa *fonction*, qui consiste en une large baguette d'argent au haut de la manche.

L'adjudant-chef a un galon d'argent semblable à celui des officiers mais mélangé de soie rouge.

L'adjudant a un galon pareil à celui de l'adjudant-chef, mais en or.

D. Ces insignes de grade sont-ils les mêmes pour toutes les subdivisions d'arme ?

R. A peu près, mais pas absolument. Ainsi les brigadiers de chasseurs d'Afrique et de spahis ont des galons jaunes. Les maréchaux des logis et maréchaux des logis chefs de spahis ont des galons d'or. Les adjudants de spahis ont des galons d'argent.

En règle générale, aussi bien dans les autres armes que dans la cavalerie, les sous-officiers autres que les adjudants ont des galons du même métal que les boutons.

D. Comment se distinguent les différents grades des officiers ?

R. Les galons des officiers sont étroits et posés circulairement autour de la manche. Le sous-lieutenant a un galon, le lieutenant en a deux, le capitaine trois, le chef d'escadrons quatre, le colonel et le lieutenant-colonel en ont cinq. Ces galons sont du même métal que les boutons, sauf pour le lieutenant-colonel, qui a deux galons du métal opposé.

D. A quoi reconnait-on les généraux ?

R. Aux étoiles qu'ils ont sur les manches et aux

Salut du cavalier à pied.

Cavalier armé remettant un pli.

Attitude du cavalier ayant un cheval de main.

broderies du képi. Le général de brigade a deux étoiles, le général de division en a trois. Sur le turban du képi, le général de brigade a une rangée de broderies, tandis que le général de division en a deux. De plus, les généraux commandant les corps d'armée et les armées ont, au-dessus des broderies du képi, un petit galon blanc.

D. **Comment reconnait-on les médecins, les vétérinaires ?**

R. Les médecins et les vétérinaires portent des tenues qui se ressemblent beaucoup. Ils ont le pantalon rouge à bande noire et la tunique noire avec col et parements de velours rouge. Mais les médecins ont les galons et les boutons en or, tandis que les vétérinaires les ont en argent.

D. **Que doit faire un militaire qui rencontre un de ses supérieurs ?**

R. Tout militaire doit, en toute circonstance, de jour et de nuit, en dehors du service comme dans le service, des marques extérieures de respect à ses supérieurs.

D. **Quelles sont ces marques de respect ?**

R. La plus fréquente d'entre elles est le salut, qui s'exécute en portant la main droite ouverte au côté de la coiffure, la main dans le prolongement de l'avant-bras, les doigts étendus et joints. le pouce réuni aux autres doigts, la paume de la main en avant, le bras sensiblement horizontal et dans l'alignement des épaules. L'attitude du salut doit être prise d'un geste vif et décidé. Tout militaire exécutant le salut de pied ferme ou en marche rectifie son attitude, lève la tête et tend les jarrets; le salut terminé, il replace vivement la main droite sur le côté.

Tout militaire croisant un supérieur le salue quand il en est à six pas et continue à marcher en conservant l'attitude du salut jusqu'à ce qu'il l'ait dépassé.

S'il dépasse un supérieur, il le salue en arrivant à sa hauteur et conserve l'attitude du salut jusqu'à ce qu'il l'ait dépassé de deux pas.

S'il est en armes, il présente l'arme en tournant la tête du côté du supérieur.

S'il fume, il prend de la main gauche son cigare ou sa cigarette et salue de la main droite.

S'il porte un pli ou un paquet léger, il salue de même en prenant le pli ou le paquet dans la main gauche.

S'il conduit un cheval en main ou est empêché de la main droite pour toute autre cause, il rectifie sa démarche et regarde fixement son supérieur jusqu'à ce qu'il l'ait dépassé.

S'il croise un supérieur dans un escalier, il se range le long du mur pour le saluer.

S'il le croise dans l'embrasure d'une porte, il le laisse passer le premier; dans la rue, il lui cède le haut du trottoir.

Si, étant à cheval, il croise un supérieur, il passe au pas avant de le saluer. Si, étant à cheval, il est dans la nécessité de dépasser un supérieur également à cheval, il ne le fait qu'après lui en avoir demandé l'autorisation.

S'il est en voiture, il salue de la main droite comme s'il était à pied, mais ne se lève que si la voiture est à l'arrêt.

S'il est à bicyclette, il ralentit l'allure et salue de la main droite sans cesser de surveiller sa machine.

S'il entre dans un café, un restaurant, une gare ou tout autre lieu public où se trouve un supérieur, il salue avant d'aller s'asseoir. Il se lève et salue lorsque, étant assis à la terrasse d'un café ou d'un lieu public, il voit passer un supérieur sur la chaussée.

Le salut ne se renouvelle pas dans une promenade ou autre lieu public.

D. **A qui et dans quelles circonstances un militaire doit-il le salut ?**

R. Tout militaire isolé passant devant un drapeau ou étendard le salue.

Le préfet en uniforme a droit au salut des militaires de tous grades.

Le sous-préfet et le secrétaire général en uniforme doivent le salut aux officiers généraux et fonctionnaires assimilés; ils ont droit au salut de tous les autres officiers et militaires.

Tout inférieur doit le salut à ses supérieurs des armées de terre et de mer, soit de jour, soit de nuit.

A grade ou à rang égal, les militaires échangent le salut; toutefois, ceux décorés de la Légion d'honneur ou de la médaille militaire et les rengagés sont salués les premiers.

Les gendarmes ne doivent pas le salut aux sous-officiers et caporaux étrangers à leur corps.

Les officiers et sous-officiers des compagnies de sapeurs-pompiers des communes revêtus de leur uniforme ont droit, de la part des militaires, au salut que comportent les insignes du grade dont ils sont investis dans les compagnies; il y a complète réciprocité de la part des sapeurs-pompiers à l'égard des militaires.

Les officiers de douaniers et les officiers de chasseurs forestiers ont les mêmes droits et les mêmes devoirs, même hors le cas de convocation.

Suivant leur grade, les militaires saluent les militaires des armées étrangères ou échangent le salut avec eux.

D. Comment se présente-t-on à un supérieur pour lui parler ?

R. Un cavalier peut avoir à se présenter à un supérieur pour lui faire une communication verbale ou lui remettre un pli.

Dans le premier cas, il salue, prend la position du « garde à vous » et fait la communication dont il est chargé.

Dans le second cas, il salue, prend la position du « garde à vous », remet le pli de la main gauche et attend les ordres de son supérieur. Lorsque sa mission est terminée, il salue, fait demi-tour réglementairement et se retire.

S'il porte la carabine ou a le sabre à la main, il rend les honneurs dus à la personne à laquelle il s'adresse, puis repose l'arme.

Le porteur d'un pli ou d'une communication verbale répète toujours avant son départ les instructions ou ordres qui lui ont été donnés.

Un cavalier interpellé par un supérieur prend une allure vive pour se porter à sa rencontre; en toute circonstance, il doit fournir avec empressement à son supérieur le concours dont ce dernier peut avoir besoin.

Le militaire qui se présente chez un supérieur se découvre après avoir salué.

Les cavaliers ordonnances, secrétaires, ouvriers ou employés à un titre quelconque sont soumis, dans leur service, à toutes les obligations du règlement concernant le salut et les marques extérieures de respect.

D. **Comment appelez-vous un supérieur lorsque vous lui parlez ?**

R. Si c'est un officier ou un adjudant, on l'appelle par son grade précédé du mot « Mon ». Ainsi on dit : « *Mon lieutenant* » au sous-lieutenant et au lieutenant, « *Mon commandant* » au chef d'escadrons, « *Mon colonel* » au lieutenant-colonel et au colonel. Si le supérieur est d'un rang inférieur à celui d'adjudant, on l'appelle par son grade (maréchal des logis, brigadier, etc.).

D. **Comment appelle-t-on les médecins, les vétérinaires, les fonctionnaires de l'intendance, les officiers d'administration, etc. ?**

R. On les appelle par la dénomination de leur fonction, sans distinction de classe. Ainsi l'on dit : « Monsieur le vétérinaire » au vétérinaire-major et au vétérinaire aide-major. On dit aux médecins : « Monsieur le major », abréviation usuelle de « Monsieur le médecin-major ». On dit : « Monsieur l'intendant » à un sous-intendant; « Monsieur l'officier » à un officier d'administration.

CHAPITRE V

PUNITIONS ET RÉCOMPENSES

D. **Qu'appelle-t-on fautes contre la discipline ?**

R. Sont considérés comme manquements au devoir militaire et punis comme tels :

Les actes contraires au respect que tout militaire doit en toutes circonstances aux lois, au gouvernement de la République et aux autorités qui le représentent;

Les infractions aux règlements militaires, l'inertie, la paresse, la mauvaise volonté, la négligence dans le service;

La divulgation des renseignements confidentiels; la manifestation publique, sous quelque forme que ce soit, d'opinions pouvant porter préjudice aux intérêts du pays, compromettre la discipline ou créer des difficultés aux autorités; l'inobservation des prescriptions relatives au droit d'écrire;

La violation des règles relatives à l'exécution des

punitions; toute tentative de dissimuler son identité en cas de faute ou de se soustraire à la responsabilité de ses actes;

L'oubli de la dignité professionnelle; l'ivresse dans tous les cas, même si elle ne trouble pas l'ordre; les querelles entre militaires ou avec des citoyens; les brimades;

Les manquements aux appels, à l'instruction et aux divers services;

L'inobservation des règlements de police, sans toutefois qu'une punition infligée pour ce motif puisse faire double emploi avec les responsabilités encourues devant l'autorité civile.

Sont également punissables tout murmure, tout écart de langage, tout défaut d'obéissance.

D. **Que faut-il donc faire si l'on croit avoir à se plaindre d'un de ses supérieurs ?**

R. Il faut se garder de lui mal répondre ou de prendre une attitude indisciplinée vis-à-vis de lui, car on ne ferait ainsi que se mettre dans un mauvais cas. Il faut exercer régulièrement le droit de réclamation que le règlement accorde à tout militaire.

D. **Comment doit s'exercer ce droit ?**

R. Tout militaire qui croit avoir des motifs fondés de réclamation doit d'abord demander à être entendu du supérieur qui a pris la mesure ou prononcé la punition.

Le règlement fait au supérieur un devoir d'écouter la réclamation avec calme et bienveillance, en considérant que, d'une part, cette réclamation peut être fondée, auquel cas il est de son devoir d'y faire droit, et que, d'autre part, lorsqu'elle n'est pas fondée, elle peut résulter de ce que le militaire en cause n'a pas compris la nécessité de la mesure prise ou de la punition infligée.

L'inférieur dont la réclamation n'est pas admise peut l'adresser successivement par la voie hiérarchique à l'une quelconque des autorités supérieures à celles qui ont déjà examiné sa réclamation.

Il est prévenu que, dans ce cas, son insistance l'expose à une punition.

Les réclamations peuvent être présentées verbalement jusqu'au colonel; mais l'intéressé doit demander, par la voie hiérarchique, à être entendu.

Au delà du colonel, les réclamations sont présentées par écrit et transmises par la voie hiérarchique.

Aucune réclamation ne peut être retenue par les autorités intermédiaires; celles-ci ont le devoir, si elles n'y donnent pas elles-mêmes satisfaction, de transmettre la réclamation à l'échelon supérieur et de l'accompagner d'un avis motivé, indiquant les raisons pour lesquelles elles n'ont pas cru devoir y faire droit.

D. **Un militaire peut-il s'absenter sans permission ?**

R. Non, les militaires qui s'absentent sans permission ou qui ne sont pas rentrés à la date fixée par leur titre de permission ou de congé encourent des punitions disciplinaires ou, si l'absence a dépassé certains délais, des sanctions pénales.

Tout cavalier ayant plus de trois mois de service qui s'absente sans permission est considéré comme déserteur à l'intérieur après six jours pleins suivant celui de l'absence constatée; les cavaliers n'ayant pas trois mois de service ne sont considérés comme déserteurs à l'intérieur qu'après un mois d'absence dans les mêmes conditions.

Tout cavalier ayant plus de trois mois de service qui ne rejoint pas son corps à l'expiration d'une permission ou d'un congé est considéré comme déserteur à l'intérieur après quinze jours pleins suivant celui fixé pour son retour.

Le délai de quinze jours est porté à un mois pour les cavaliers n'ayant pas trois mois de service à la date à laquelle leur rentrée devait avoir lieu.

Tout cavalier qui se rend coupable d'absence illégale peut être changé de corps d'office.

D. **A quoi s'expose un cavalier qui commet des fautes contre la discipline ?**

R. Il s'expose à des punitions, qui sont :

La consigne au quartier;

La salle de police;

La prison;

La cellule;

Le renvoi de la première à la deuxième classe;

Le retrait de la commission, la mise à la retraite d'office pour les commissionnés;

L'envoi aux sections spéciales.

D. **Par contre, quelles satisfactions obtiennent les bons cavaliers ?**

R. Ils obtiennent des récompenses, qui sont :

1° Les bonnes notes, les félicitations verbales ou écrites, ou à l'ordre du régiment;

2° La promotion aux différents grades, emplois ou classes auxquels nomme le colonel;

3° L'obtention du certificat de bonne conduite;

4° Les permissions, les dispenses de certains travaux et, d'une manière générale, les faveurs autorisées par le règlement et compatibles avec le bien du service.

D. **En plus de ces récompenses, qui sont accordées dans les régiments, n'en existe-t-il pas d'autres d'un caractère plus élevé ?**

R. Si, il y a les distinctions honorifiques et l'avancement.

D. **Qu'appelle-t-on distinctions honorifiques ?**

R. Les distinctions honorifiques en usage dans l'armée sont : la Légion d'honneur, la médaille militaire, les médailles commémoratives, les médailles de sauvetage, les palmes académiques, les ordres coloniaux et décorations étrangères.

L'*ordre national de la Légion d'honneur* a été créé en 1803 par l'empereur Napoléon Ier. Il est destiné à récompenser les services de toute nature, aussi bien civils que militaires. Le Président de la République est le grand-maître de l'ordre. Les grades dans la Légion d'honneur sont les suivants : chevalier, officier, commandeur, grand-officier, grand'-croix.

Les croix de chevalier et d'officier se portent sur le côté gauche de la poitrine. La croix d'officier se distingue aisément par son ruban, qui est orné d'une rosette. La croix de commandeur se porte au cou. Les grands-officiers ont une plaque sur le côté droit de la poitrine, les grands-croix ont une plaque sur le côté gauche. Ces derniers ont en plus un large ruban en écharpe.

La *médaille militaire* a été instituée en 1852 pour récompenser les services militaires des hommes de troupe.

Elle peut aussi être accordée aux maréchaux de France, aux amiraux et aux généraux qui ont rendu de grands services au pays. Cette dernière disposition a pour but de donner à cette décoration un caractère plus élevé et un prestige plus grand.

La médaille militaire est une médaille supportée

par deux canons en croix et par un ruban jaune à lisérés verts.

Les *médailles commémoratives* sont accordées aux militaires qui ont pris part à des campagnes dont elles rappellent le souvenir. On peut citer : la médaille coloniale, les médailles d'Italie, de Crimée, du Mexique, du Tonkin, de Madagascar, du Maroc.

Les *médailles de sauvetage* sont données aux militaires pour actes de courage et de dévouement accomplis dans les relations de l'ordre civil. Elles sont en or ou en argent et se portent sur la poitrine, suspendues à un ruban tricolore.

Les *palmes universitaires*, caractérisées par un ruban violet, sont accordées par le Ministre de l'instruction publique aux militaires signalés par le Ministre de la guerre comme ayant contribué aux progrès de l'enseignement.

Les *ordres coloniaux* sont accordés aux militaires qui ont servi dans certaines colonies et s'y sont distingués. Enfin, les militaires peuvent être autorisés à porter des décorations étrangères.

D. **Quelles sont les conditions requises pour obtenir de l'avancement ?**

R. Il faut avoir au moins six mois de service actif pour pouvoir être nommé brigadier. Cette limite peut être réduite à quatre mois pour les cavaliers qui possèdent le certificat d'aptitude militaire. Il faut avoir au moins cinq mois de brigadier pour pouvoir être nommé maréchal des logis, etc.

CHAPITRE VI

DU HARNACHEMENT ET DE L'ARMEMENT

D. **De quoi se compose le harnachement ?**

R. Le harnachement se compose d'une selle et d'une bride.

D. **Décrivez la selle.**

R. La selle comprend :

L'*arçon*,

Le *siège*,

Les *accessoires*.

L'*arçon* est la partie solide sur laquelle est établie la selle. Il se compose de deux bandes, ou lames, qui s'appuient sur les côtes et sont réunies par deux arcades. L'arcade de devant, dont la partie supérieure forme le pommeau, protège le garrot, limite le siège du cavalier et sert d'appui aux sacoches. L'arcade de derrière, ou troussequin, protège les reins du cheval, donne à l'arrière du siège la largeur et la concavité nécessaires pour emboîter le cavalier et sert d'appui à la charge de derrière.

L'arçon, pourvu du siège et des quartiers, forme le corps de selle, qui se complète par les faux-quartiers et les panneaux.

Le *siège* est fixé sur l'arçon et porte le cavalier.

Les *quartiers*, fixés sur les bandes, cachent les contre-sanglons.

Les *faux-quartiers* préservent les côtes du cheval du contact des boucles de sangle.

Les *panneaux*, rembourrés, préservent le dos du cheval du contact avec l'arçon.

Les *accessoires* de la selle sont :

Une sangle,
Une poche à fers,
Deux sacoches,
Deux étrivières et étriers,
Une couverture,
Des courroies de paquetage.

La *sangle* sert à maintenir la selle et se fixe à des contre-sanglons.

La *poche à fers*, de la contenance de deux fers, renferme une trousse destinée à recevoir les clous à ferrer, les crampons à glace et une clef à taraud.

Les *sacoches*, réunies par un chapelet, reçoivent certains effets indispensables.

Les *étrivières* sont des courroies qui servent à suspendre les étriers à l'arçon.

Les *étriers* servent à supporter la jambe du cavalier; on y distingue l'œil, les branches et la semelle.

La *couverture* sert d'intermédiaire entre la selle et le dos du cheval.

Les *courroies de paquetage* comprennent les courroies de sacoches et les courroies de charge de derrière; elles servent à arrimer sur la selle les sacoches, le sac et le manteau.

D. **Décrivez la bride.**

R. La bride est un ensemble de pièces en cuir et en métal, dont l'agencement sert à diriger le cheval.

Sellen.

Brider.

La bride comprend :

La *monture*,

Les *mors*,

Les *rênes*.

Les pièces qui composent la monture sont :

Le *dessus de tête*, qui sert à supporter les montants;

Le *frontal*, destiné à empêcher le dessus de tête de glisser en arrière;

Les *montants*, placés le long des joues, supportent les mors de bride et de filet.

Le *mors de bride* est l'instrument de domination à l'usage duquel toutes les autres parties de la bride doivent concourir. Il se divise en *embouchure*, *branches* et *gourmette*.

L'*embouchure*, placée dans la bouche, au-dessus de la langue, comprend la liberté de langue et les canons.

Les *branches* se réunissent aux canons par des contre-rivures, et leur extrémité supérieure reçoit le porte-mors de la bride.

La *gourmette* se fixe aux branches et contourne la barbe.

Le *mors de filet* se compose de deux canons s'articulant à deux brisures et de deux anneaux munis d'un T.

Les *rênes de bride* et les *rênes de filet* se bouclent aux anneaux des mors correspondants.

Le *licol de parade* complète la bride. Il se compose de deux montants qui supportent la muserolle, de la sous-gorge formant collier et de la longe. Lorsque le cheval est sellé, ce dernier accessoire sert de poitrail pour empêcher la selle de glisser en arrière. La sous-gorge peut se dégager du licol et s'engager dans les gaines mobiles du frontal, si l'on veut se servir de la bride sans le licol. Ce dernier peut être transformé au besoin en bridon, en engageant le T du mors de filet dans les anneaux carrés du licol.

D. Comment doit-on seller un cheval ?

R. Pour seller, s'approcher du cheval par le côté gauche, et placer sur son dos la couverture pliée en quatre, le gros pli sur le garrot, les lisérés du côté du sabre, en ayant soin de passer plusieurs fois la couverture d'avant en arrière, pour lisser le poil.

La sangle étant bouclée dans les contre-sanglons

du côté hors montoir et relevée sur le siège, prendre la selle de la main gauche, à l'arcade de devant, et de la main droite sous le troussequin; la placer doucement sur le dos du cheval, les mamelles de l'arçon en arrière du jeu des épaules. S'assurer alors si la couverture ne forme aucun pli, particulièrement sur le garrot, et la soulever avec la main dans cette partie; regarder s'il n'y a pas de cuirs pris sous la selle; serrer la sangle avec modération et sans brusquerie; fixer la longe-poitrail et abattre les étriers.

D. **Comment doit-on brider ?**

R. Pour brider, se placer du côté montoir; passer le licol à la tête du cheval; boucler la sous-gorge sans la serrer, afin de ne pas gêner la respiration; prendre la bride avec la main gauche; passer avec la main droite les rênes de la bride et du filet pardessus l'encolure du cheval; prendre la bride à la têtière avec la main droite, l'élever à la hauteur et en avant de la tête du cheval, saisir avec la main gauche les mors de bride et de filet, et les engager ensemble dans la bouche du cheval, le mors du filet au-dessus de celui de la bride; passer alors les oreilles entre le frontal et le dessus de tête, dégager le toupet, boutonner le licol au dessus de tête, accrocher la gourmette.

D. **Comment doit-on débrider ?**

R. Pour débrider, décrocher la gourmette; déboutonner le licol et attacher le cheval au râtelier jusqu'à ce qu'il soit dessellé; avancer les rênes de la bride et du filet sur le dessus de tête, les passer par-dessus les oreilles, les laisser tomber dans le pli du bras gauche; ôter la bride de la tête du cheval, en commençant par dégager l'oreille droite; faire deux tours au-dessous du frontal avec les rênes de la bride et les passer entre le frontal et le dessus de tête.

D. **Comment doit-on desseller ?**

R. Pour desseller, relever l'étrier gauche le long de la partie interne de l'étrivière, déboucler la longe-poitrail et la sangle; passer du côté hors montoir, relever la sangle et la longe-poitrail s'ils sont propres, et, dans le cas contraire, ne les relever qu'après les avoir essuyés; relever ensuite l'étrier droit et l'étrier gauche, et enlever la selle avec les deux mains, la gauche la tenant sous l'arcade de devant, et la droite sous le troussequin. Retirer la couverture, la plier en deux, le côté mouillé en dedans; la placer sur la selle.

D. Comment le cavalier entretient-il son harnachement ?

R. Tous les jours, en descendant de cheval, il faut nettoyer les cuirs de la selle et de la bride avec une éponge légèrement imbibée d'eau. Si ces cuirs sont très sales, on les lave à plus grande eau, en y ajoutant du savon ordinaire ou, mieux, du savon de Castille.

Toutes les fois que les cuirs ont été longtemps exposés à la pluie et, dans tous les cas, une fois par semaine, on y dépose, avant qu'ils soient complètement secs, une légère couche de graisse; on frotte avec la paume de la main, pour étendre et faire pénétrer la graisse, on laisse sécher puis on frotte avec un chiffon bien sec. On graisse peu et rarement le siège de la selle, mais on insiste sur l'envers des quartiers et, spécialement, sur les parties en contact avec le cheval (faux-quartiers, contre-sanglons, cuirs de la bride). Les cuirs ainsi entretenus sont propres et souples.

La toile des panneaux est soigneusement brossée : il est interdit de la laver.

La couverture est étendue de façon à sécher rapidement, puis battue et brossée avec une brosse en crin. Il est défendu de se servir, pour cet usage, de la brosse en chiendent, qui détériorerait la couverture.

La couverture ne doit jamais envelopper le sabre, la bride, les étriers.

Les boucles de sangle sont tenues propres et graissées. Les étriers et aciers de la bride sont tenus au clair. Ils ne sont graissés que si le harnachement doit rester longtemps sans servir.

Le bridon d'abreuvoir et le licol d'écurie sont entretenus d'après les mêmes principes. Ils ne doivent jamais être blanchis au moyen de produits susceptibles de détériorer le cuir.

D. Quelles sont les armes du cavalier ?

R. Les armes du cavalier sont :

Le sabre;

La lance;

La carabine;

Le revolver (sous-officiers, maréchaux ferrants, trompettes, télégraphistes et, pour les cuirassiers, les sapeurs).

D. **Décrivez le sabre.**

R. Le sabre en service dans la cavalerie légère est du modèle 1822 à lame courbe.

Le sabre en service dans les autres subdivisions d'arme est du modèle 1854 modifié, à lame droite. Il comprend deux tailles.

On distingue dans le sabre :

La *lame* à pans creux; la pointe, le tranchant, le dos, la gouttière, la soie;

La *monture*, qui comprend : la garde et ses branches, la coquille, la poignée et son filigrane, la cravate.

Le *fourreau :* le corps du fourreau, la cuvette, les battes, le bracelet, l'anneau, le dard.

D. **Décrivez la lance.**

R. La lance est du modèle 1890 (1). Elle se divise en trois parties :

Le *fer;*

La *hampe;*

Le *sabot.*

Le *fer* de lance est constitué par la lame de forme quadrangulaire vissée et goupillée sur la douille; la douille avec son épaulement d'arrêt et son pontet porte-flamme.

La *hampe* est en bambou royal du Tonkin. Un D en cuivre, monté sur une enchapure en cuir, est fixé un peu au-dessus du centre de gravité de l'arme. Cet accessoire permet de suspendre la lance à la selle pendant le combat à pied.

Le *sabot* comprend la douille, le corps de sabot avec son épaulement d'arrêt, le cône et le bout.

La longueur de la lance est de $2^{m},90$; son poids moyen est de 1.850 grammes.

D. **Décrivez la carabine.**

R. La carabine de cavalerie modèle 1890 peut se diviser en cinq parties principales, savoir :

(1) Les corps ont en outre à leur disposition pour l'instruction des lances modèle 1823.

1° Le *canon;*
2° La *culasse mobile;*
3° Le *mécanisme;*
4° La *monture;*
5° Les *garnitures.*

Les figures ci-après (1) donnent les détails de la nomenclature.

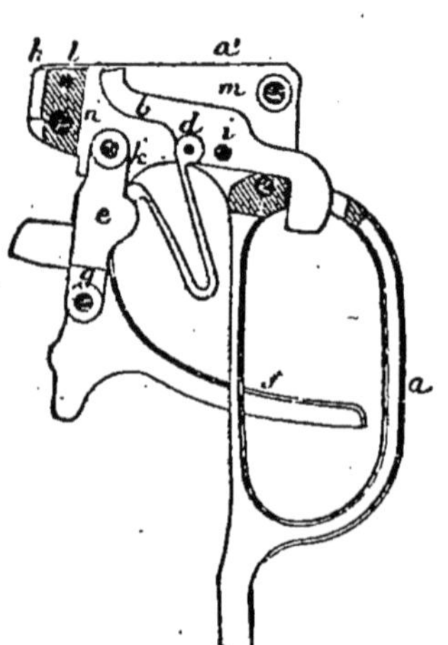

Mécanisme arrière.

aa' Pontet-support de mécanisme.
a' Montant.
b Crochet de chargeur.
c Ressort de crochet de gâchette.
d Goupille de ressort.
e Gâchette.
f Détente à double bossette.
g Goupille de détente.
h Ejecteur.
i Vis de crochet de chargeur.
k Vis de gâchette.
l Vis d'éjecteur.
m Entretoise.
n Trou de vis de mécanisme.

Hausse.

a Pied de hausse à douille.
b Douille fendue.
c Gradins.
d Ressort de hausse.
e Vis de ressort de hausse.
g Goupille de charnière.
h Planche.
i Curseur.
j Vis-arrêtoir de curseur.
k Crans de mire.

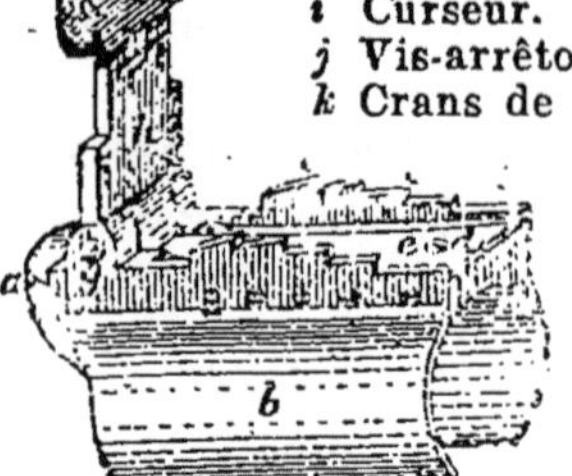

(1) Empruntées à l'instruction du 5 août 1904 sur le matériel de tir de la cavalerie.

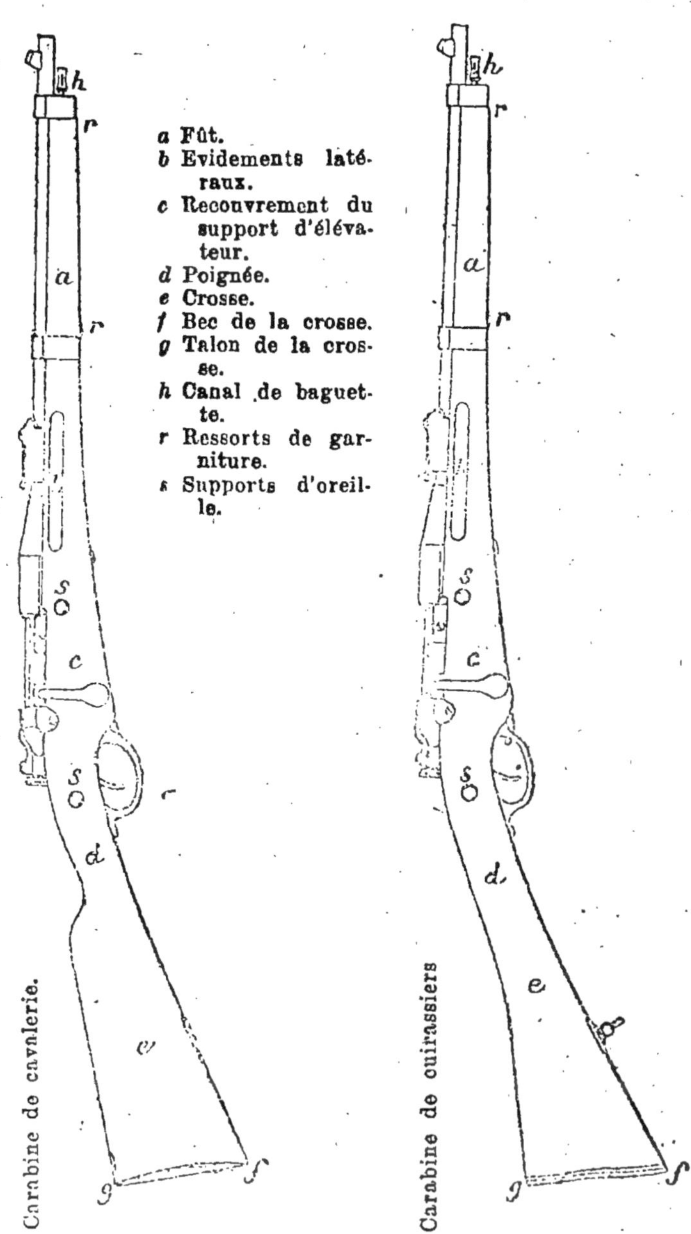

Carabine de cavalerie.

Carabine de cuirassiers

Bout du canon.

a Tranche de la bouche
b Embase du guidon.
c Guidon.
d Grain d'orge.
e Embouchoir.
t Contour tronconique du canon.

Boîte de culasse.

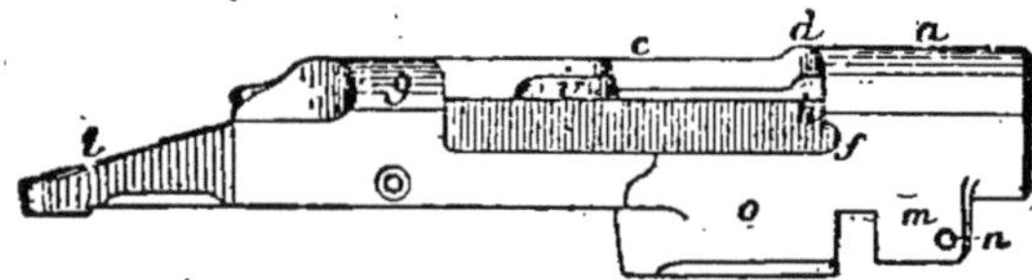

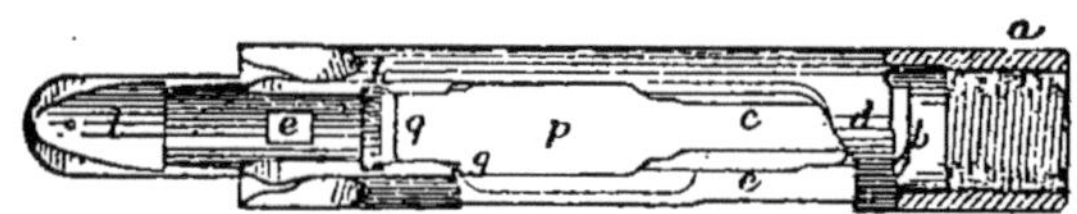

a Ecrou pour le bouton.
b Logement des tenons.
c Fente supérieure.
d Rampe de dégagement.
e Echancrure.
f Canal d'échappement des gaz.
g Rampe hélicoïdale.
h Rainure du tenon gauche.
i Entaille de démontage.
k Rainure circulaire.
l Queue de culasse.
m Chape d'assemblage.
n Goupille de chape.
o Joues directrices du passage de cartouche.
p Logement du chargeur.
q Logement du support de mécanisme.

Tête mobile.

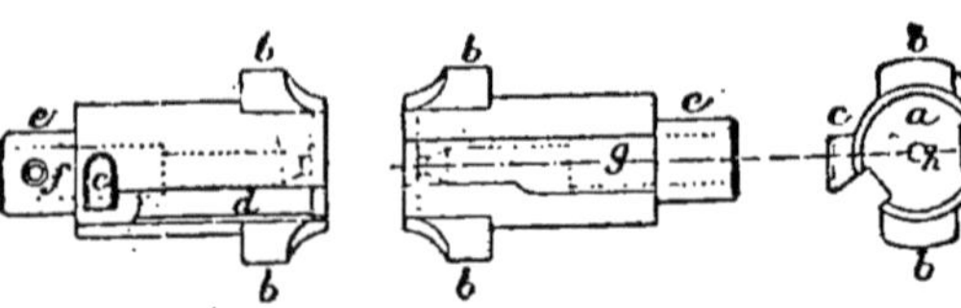

a Cuvette.
b Tenons de fermeture.
c Bouton.
d Logement d'extracteur.
e Collet.
f Trou de vis d'assemblage.
g Fente de tête de gâchette et d'éjecteur.
h Canal du percuteur.

Mécanisme.

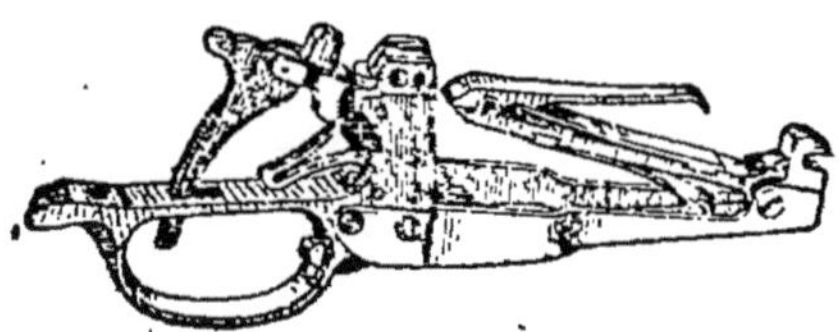

Cylindre.

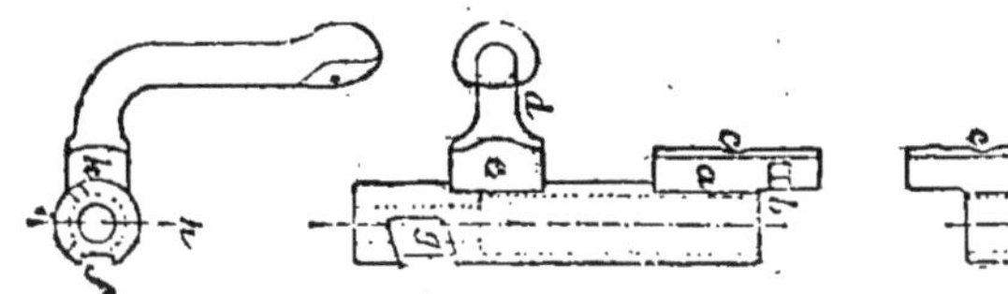
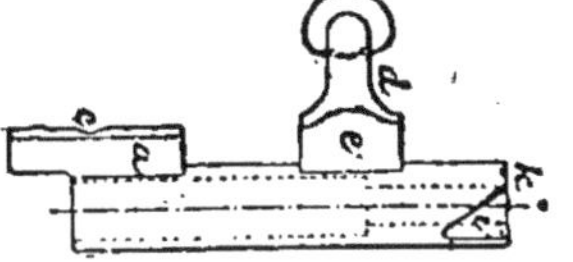

a Renfort antérieur.
b Logement du bouton.
c Trou de vis d'assemblage.
d Levier coudé.
e Renfort du levier.
f Rainure pour la tête de gâchette.
g Rainure transversale pour l'éjecteur.
h Canal du percuteur.
i Rampe hélicoïdale et rainure de départ.
k Cran de l'armé.

Percuteur.

a Pointe.
b Méplat.
c Embase.
d Tige.
e T.

Culasse mobile (Ensemble.)

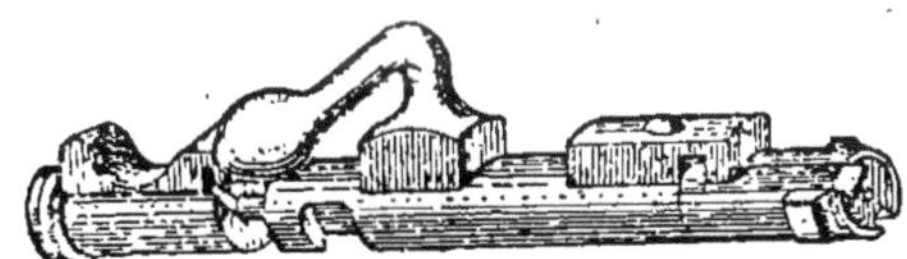

Chien.

a Corps cylindrique.
b Coin d'arrêt.
c Renfort.
d Cran de départ.
e Cran de sûreté.
f Cran de l'abattu.
g Crête quadrillée.
h Canal du percuteur.
k Logement du manchon.

Manchon.

a Tête de T.
b Cordons.
c Gorge intérieure.
d Collet.
e Ailette.
f Logement du T.

Elévateur.

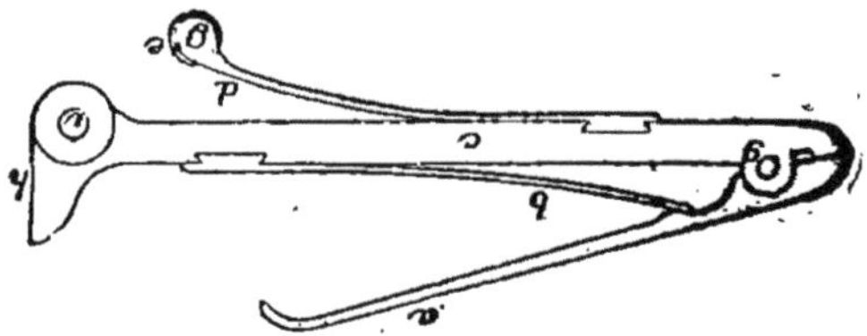

a Planche supérieure.
b Ressort de planche supérieure.
c Planche inférieure.
d Ressort à galet de planche inférieure.
e Galet.
f Goupille de galet.
g Vis de planche d'élévateur.
h Tête d'élévateur.
i Trou de vis-pivot.

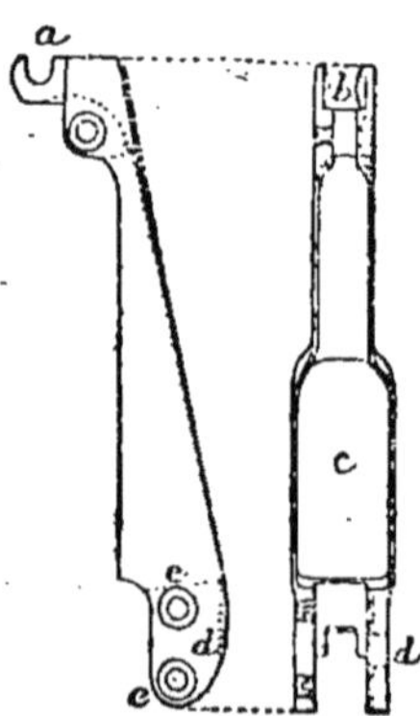

Support d'élévateur.

a Crochet de support.
b Logement de la tête d'élévateur.
c Passage du chargeur.
d Queue du support.
e Trous de vis de support.

REVOLVER MODÈLE 1892.

Côté droit, barillet rabattu.

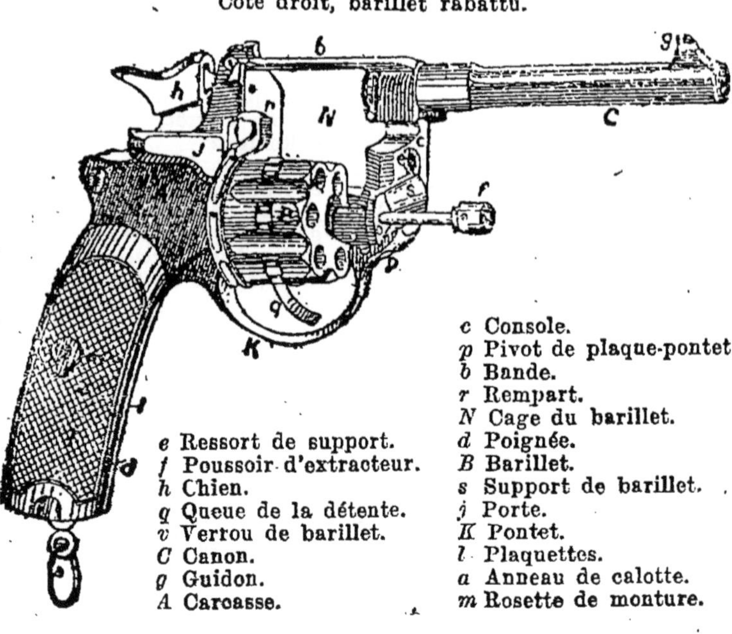

e Ressort de support.
f Poussoir d'extracteur.
h Chien.
q Queue de la détente.
v Verrou de barillet.
C Canon.
g Guidon.
A Carcasse.
c Console.
p Pivot de plaque-pontet.
b Bande.
r Rempart.
N Cage du barillet.
d Poignée.
B Barillet.
s Support de barillet.
j Porte.
K Pontet.
l Plaquettes.
a Anneau de calotte.
m Rosette de monture.

REVOLVER MODÈLE 1892.

Côté gauche, barillet rabattu.

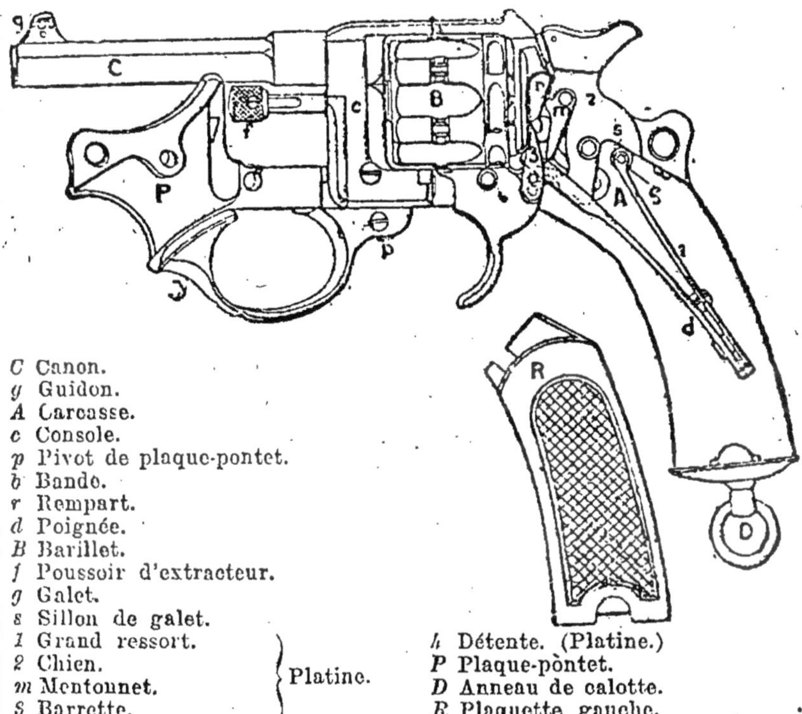

C Canon.
g Guidon.
A Carcasse.
c Console.
p Pivot de plaque-pontet.
b Bande.
r Rempart.
d Poignée.
B Barillet.
f Poussoir d'extracteur.
g Galet.
s Sillon de galet.
1 Grand ressort. } Platine.
2 Chien. } Platine.
m Mentonnet. } Platine.
S Barrette. } Platine.
h Détente. (Platine.)
P Plaque-pòntet.
D Anneau de calotte.
R Plaquette gauche.

D. **Décrivez le revolver.**

R. Le revolver peut se diviser en six parties principales, qui sont :

1° Le *canon;*

2° La *carcasse;*

3° Le *barillet;*

4° La *platine;*

5° Les *garnitures;*

6° La *monture.*

D. **Comment démonte-t-on une carabine ?**

R. Le démontage de la carabine a lieu dans l'ordre suivant :

1° La *bretelle;*

2° La *culasse mobile;*

3° Le *mécanisme;*

4° Le *canon.*

D. **Comment démonte-t-on la culasse mobile ?**

R. Pour retirer la culasse mobile de la boîte, ouvrir le tonnerre, amener la culasse mobile en arrière jusqu'à ce que le tenon gauche de fermeture soit au milieu de l'entaille pour le démontage de la tête mobile; desserrer la vis d'assemblage du cylindre et de la tête mobile de la quantité nécessaire pour séparer ces deux pièces (la dévisser de trois ou quatre filets jusqu'à ce que la tête de la vis soit complètement visible hors de son trou); faire tourner la tête mobile à droite avec la main pour dégager le bouton de son logement dans le cylindre; faire sortir la culasse mobile de la boîte de culasse; enlever la tête mobile restée dans la boîte.

Si, au moment du démontage, le manchon se trouvait, par suite d'une circonstance quelconque, orienté de façon que sa fente de repère fût dans le prolongement de celle du chien, on éprouverait, pour rabattre la tête mobile à droite, une résistance provenant du percuteur et du manchon. Il faudrait, dans ce cas, faire tourner d'abord le manchon à droite avec la main, jusqu'à l'arrêt de l'étouteau, puis rabattre la tête mobile (1).

Il est interdit au cavalier de dévisser la vis d'assemblage et de séparer le cylindre de la tête mobile en laissant celle-ci engagée dans son logement de l'avant de la boîte de culasse.

La culasse mobile étant séparée de la boîte, pour la démonter entièrement, mettre le chien à l'abattu, faire tourner le manchon à gauche, de manière à

---

(1) L'étouteau est supprimé dans les carabines de nouvelle fabrication. Lorsqu'il s'agit d'une de ces dernières armes, on peut rabattre la tête mobile en agissant sur le manchon que l'on fait tourner à droite jusqu'à ce que le bouton de tête mobile soit sorti de son logement. Il faut toujours, dans ce cas, faire tourner le manchon avec la main, et jamais avec la lame de tournevis engagée dans la fente de repère.

mettre sa fente de repère dans le prolongement de celle du chien; appuyer la pointe du percuteur sur un morceau de bois dur ou dans le trou de la tête de baguette; faire effort sur le levier du cylindre pour comprimer le ressort à boudin et faire sortir le manchon de son logement; dégager le manchon du T du percuteur, laisser le ressort se détendre librement; séparer le cylindre, le chien, le percuteur et le ressort à boudin.

Il est interdit au cavalier de démonter l'extracteur.

D. **Comment démonte-t-on le mécanisme ?**

R. Pour démonter le mécanisme, on dévisse la vis de pontet, puis la vis de mécanisme, en maintenant d'une main le pontet dans son logement pendant qu'on retire la vis de mécanisme avec l'autre main. Saisir le pontet de la main droite et le faire pivoter vers l'avant pour dégager le crochet de support d'élévateur ; séparer le mécanisme de la monture.

Pour démonter entièrement le mécanisme : 1° dévisser la vis-pivot d'élévateur et l'enlever en maintenant la tête d'élévateur en place avec le pouce de la main gauche; retirer l'élévateur; 2° enlever la vis de gâchette et la gâchette réunie à la détente; 3° enlever la vis de crochet de chargeur, saisir le ressort de crochet et le tirer en arrière et vers le haut pour faire sortir le crochet de son logement dans le support de mécanisme.

Il est interdit au cavalier de démonter la planche supérieure et les ressorts d'élévateur, de dévisser les vis de support d'élévateur et la vis d'éjecteur.

D. **Comment démonte-t-on le canon ?**

R. Pour démonter le canon, dévisser et enlever la baguette; dévisser la vis de culasse; enlever l'embouchoir, puis la grenadière; séparer le canon du bois. A cet effet, renverser l'arme dans la main gauche, le canon en dessous; saisir la monture de la main droite à la poignée et donner quelques saccades jusqu'à ce que le canon soit dégagé de son logement.

Il est interdit au cavalier de chercher à démonter les pièces de la hausse et, sur la monture : les ressorts de garnitures, les supports d'oreilles, le taquet, l'écrou-support, le battant de crosse et la plaque de couche.

D. Comment remonte-t-on la carabine ?

R. Le remontage s'opère dans l'ordre inverse de celui qui vient d'être indiqué pour le démontage.

D. Comment remonte-t-on le canon ?

R. Remettre le canon en place et remonter successivement la grenadière (l'anneau à gauche, du côté opposé au levier de culasse mobile), l'embouchoir (le canal de baguette à gauche, comme celui de la monture), la vis de culasse et la baguette. Serrer bien à fond la vis de culasse.

D. Comment remonte-t-on le mécanisme ?

R. Remonter d'abord, s'il y a lieu, le crochet de chargeur et son ressort, la gâchette avec la détente, l'élévateur, en mettant bien toutes les vis à fond; saisir ensuite le mécanisme par le pontet, l'introduire dans la monture par sa partie antérieure, l'avant du support d'élévateur venant buter contre le taquet; faire pivoter le mécanisme en arrière, de manière que le crochet antérieur vienne emboîter sa goupille dans la boîte de culasse; achever de mettre la partie arrière du mécanisme à fond dans son logement; replacer la vis de mécanisme et la vis de pontet.

Il est nécessaire, pour replacer la vis-pivot d'élévateur, d'appuyer fortement avec le pouce de la main gauche sur la tête d'élévateur pour amener et maintenir les trois trous de vis en concordance. On doit prendre une précaution analogue pour la vis de mécanisme, en appuyant sur le pontet avec la main gauche de manière à introduire la vis sans forcement.

Avoir soin, quand on remonte la gâchette, de faire pénétrer la queue de la détente dans la fente du pontet avant de mettre en place la vis de gâchette.

D. Comment remonte-t-on la culasse mobile ?

R. Assembler sur le cylindre le ressort à boudin, le percuteur et le chien, celui-ci à la position de l'abattu; comprimer le ressort à boudin comme pour le démontage; engager le manchon sur le T du percuteur; l'amener en face de l'entrée de son logement dans le chien et laisser le ressort à boudin se détendre lentement.

Les pièces de la culasse mobile étant ainsi assemblées, à l'exception de la tête mobile, et la vis d'assemblage étant placée sur le cylindre à la position de démontage (engagée de trois ou quatre filets seulement), mettre le chien au cran de l'armé, faire tourner le manchon de façon que sa fente de repère soit en demi à droite sur celle du chien; placer la tête mobile dans la boîte de culasse, les tenons à hauteur du milieu de l'entaille latérale, le bouton à droite; engager la culasse mobile dans la boîte de culasse en faisant pénétrer le percuteur dans la tête mobile; faire tourner cette dernière à gauche avec la main pour amener son bouton dans son logement; serrer à fond la vis d'assemblage du cylindre et de la tête mobile.

Si l'on éprouve une difficulté à faire pénétrer le percuteur dans son canal de la tête mobile, cette difficulté proviendra ordinairement de ce que l'on n'a pas tourné le manchon suffisamment à droite; il suffira donc de le faire tourner de la quantité convenable, après avoir vérifié que la tête mobile est bien placée dans la boîte de culasse, *le bouton à droite.*

On éprouve quelquefois une certaine résistance pour achever de mettre le bouton de tête mobile à fond dans son logement du cylindre. Cette résistance provient du méplat du percuteur, dans le cas où, avant de réunir le cylindre à la tête mobile, on a fait tourner le manchon trop à droite. Il suffit donc de ramener le manchon à gauche pour faire cesser cette résistance et mettre sans difficulté la tête mobile en place.

Il est interdit au cavalier d'employer, pour faire tourner le manchon, le tournevis engagé dans la fente de repère. On doit toujours faire tourner le manchon avec la main.

D. **Comment remonte-t-on la bretelle ?**

R. Vérifier que l'anneau de grenadière est bien à gauche de l'arme.

D. **Quelles précautions doit prendre le cavalier en démontant ou en remontant sa carabine ?**

R. Le cavalier ne doit frapper aucune pièce de son arme avec un objet en fer, parce qu'il occasionnerait des mutilations; cette recommandation s'applique surtout au démontage de l'embouchoir et de la grenadière.

Les vis doivent toujours être serrées à fond, particulièrement la vis de culasse; il faut engager à la main les premiers filets toutes les fois que cela est possible.

Lorsqu'il devient nécessaire de démonter une des pièces dont, par les règlements, le démontage est interdit aux cavaliers, l'arme doit être portée chez l'armurier.

Le démontage complet du mécanisme, tel qu'il est indiqué plus haut, ne doit avoir lieu qu'exceptionnellement, et seulement sur l'ordre d'un officier ou d'un sous-officier.

D. **Quels sont les objets nécessaires pour l'entretien de la carabine ?**

R. En garnison, des *nécessaires de chambrée* comprenant chacun une baguette de nettoyage, une baguette de graissage munie d'un écouvillon et deux tournevis chassoirs, sont placés, ainsi qu'une fiole d'huile, près du râtelier d'armes, à la disposition des cavaliers.

Chaque cavalier doit avoir en outre :

Une boîte à graisse, contenant de la graisse et une pièce grasse;

Une brosse d'armes;

Des curettes en bois tendre;

De la brique pilée ou de la brique anglaise, et quelques chiffons de linge et de drap.

Aux manœuvres et en campagne, le nécessaire de chambrée est remplacé par la ficelle individuelle de nettoyage.

D. **Comment doit-on nettoyer une carabine ?**

R. Après chaque séance de tir, le cavalier doit nettoyer son arme, à commencer par l'intérieur du canon.

La manière de nettoyer le canon est différente, suivant que l'on est en garnison ou non, c'est-à-dire suivant que l'on dispose ou non du nécessaire de chambrée.

D. **Comment nettoie-t-on le canon en garnison ?**

R. Pour nettoyer l'intérieur du canon, passer dans la fente de la baguette de nettoyage une bande de toile de 0^m,10 à 0^m,15 de longueur et d'une largeur telle que le chiffon monté force modérément dans le canon (environ 0^m,04 pour la toile de chemise usée).

Retirer la culasse mobile de la boîte de culasse et séparer le mécanisme de l'arme. Introduire la baguette dans l'âme par la bouche du canon. Saisir la poignée à pleine main, la tige passant entre l'index et le doigt du milieu; imprimer à la baguette un mouvement de va-et-vient sur toute la longueur du canon. Avoir soin, à chaque passe, de faire sortir complètement le chiffon hors de l'âme, de façon à pouvoir le secouer et à éviter le rebroussement de la toile ainsi que les coincements qui peuvent en résulter. Cinq ou six passes suffisent ordinairement pour nettoyer l'intérieur du canon. Lorsqu'il est impossible d'obtenir ce résultat avec un chiffon sec, employer un chiffon imbibé d'huile.

L'intérieur du canon étant ainsi nettoyé, le graisser légèrement avec la baguette de graissage. A cet effet, imprégner légèrement de graisse la brosse de l'écouvillon, si elle ne l'est déjà. Engager l'écouvillon dans l'âme et faire une seule passe aller et retour.

Il est interdit d'employer au nettoyage la baguette de graissage séparée ou non de l'écouvillon.

D. **Comment nettoie-t-on le canon aux manœuvres ?**

R. Avant de nettoyer l'intérieur du canon, enlever la culasse mobile et le mécanisme, prendre un chiffon aussi résistant que possible de 0^m,15 à 0^m,20 de longueur sur 0^m,04 à 0^m,10 de largeur, et le passer à forcement dans le canon, à l'aide de la ficelle de nettoyage, exempte de poussières adhérentes.

On engage le chiffon dans un nœud gansé (1) formé au milieu de la ficelle et on le manœuvre en agissant alternativement sur les deux bouts de celle-ci, l'arme étant maintenue aussi immobile que possible. A la fin de chaque mouvement alternatif, le chiffon doit sortir entièrement du canon; il faut

---

(1) Pour faire ce nœud, former une boucle au milieu de la ficelle en croisant les deux brins l'un sur l'autre; dans la boucle ainsi formée, passer l'un des brins replié sur lui-même en forme de ganse et serrer. Pour défaire ce nœud après le nettoyage, on n'a qu'à faire sortir le chiffon de la ganse et à tirer ensuite sur les deux brins.

l'y faire rentrer par la partie qui est serrée dans le nœud de la ficelle, afin d'éviter qu'il ne se rebrousse et ne se coince pendant son trajet dans l'âme.

Cette opération doit autant que possible être exécutée par deux cavaliers, qui maintiennent l'arme horizontalement en tenant respectivement dans leur main gauche, l'un, la poignée de la crosse, l'autre, l'extrémité du fût; chacun d'eux saisit ensuite de la main droite le bout de la ficelle qui est de son côté. Quand le nettoyage est fait par un homme seul, celui-ci soutient l'arme de la main gauche sous l'arrière du fût, pour tirer le chiffon de la bouche vers la culasse, et il la fait reposer sur la crosse pour le mouvement inverse. Il est formellement interdit, dans ce cas, d'attacher un des bouts de la ficelle à un support fixe et d'exécuter le nettoyage en donnant à l'arme un mouvement de va-et-vient le long de la ficelle. La substitution de fils métalliques à la ficelle ou l'emploi de baguettes en acier et en fer sont interdits.

L'intérieur du canon étant ainsi nettoyé et ses parois redevenues lisses et brillantes, on le graisse légèrement, ainsi que la chambre, avec un chiffon gras qui doit passer sans forcement. Il faut éviter de graisser avec excès la chambre de la cartouche.

Cela fait, essuyer avec un linge sec l'intérieur de la boîte de culasse. Nettoyer soigneusement le logement des tenons de fermeture, surtout s'il s'est produit pendant le tir des fuites de gaz par l'arrière : le soldat peut facilement faire ce nettoyage avec le petit doigt recouvert d'un chiffon. Passer une curette en bois tendre dans la cavité où se meut l'extracteur, sur la tranche arrière et sur l'évasement tronconique du bouton du canon. Graisser légèrement l'intérieur de la boîte de culasse en remplaçant le chiffon sec par un chiffon gras.

Essuyer l'extérieur du canon et de la boîte de culasse, en se conformant à ce qui est dit ci-après pour l'entretien des pièces bronzées. Si l'arme n'a pas été exposée à l'humidité ou à la pluie, il sera inutile de séparer le canon de la monture: celle-ci sera essuyée en place avec un linge sec en même temps que les boucles. Dans le cas contraire, la monture sera séparée du canon et traitée comme il est dit plus loin, à l'article *Monture*. Essuyer la hausse, en enlevant, s'il y a lieu, la vieille graisse avec un linge ou des curettes.

Passer la pièce grasse sur toutes les parties extérieures du canon et de la boîte de culasse. En graissant la planche de hausse, faire jouer le curseur; graisser légèrement le pied et le ressort avec la brosse douce, en faisant jouer la planche autour de la charnière; mettre une goutte d'huile à la charnière.

Il est interdit au cavalier d'employer, pour le nettoyage de l'intérieur du canon, la baguette en acier fixée à la carabine; cette baguette ne doit être utilisée que pour expulser de la chambre du canon les étuis qui ne cèdent pas à l'action de l'extracteur. Il est également interdit de remplacer la ficelle par des fils métalliques.

D. **Comment nettoie-t-on la culasse mobile ?**

R. Démonter entièrement la culasse mobile; essuyer toutes les pièces avec un linge sec et nettoyer les logements intérieurs ainsi que la gorge du manchon, avec des curettes en bois; essuyer le ressort à boudin avec un linge fin qu'on fait passer entre les spires, en évitant de les écarter, soit par traction, soit par ploiement du ressort.

La culasse mobile étant nettoyée, en graisser légèrement toutes les parties intérieures et extérieures, puis la remonter (moins la tête mobile).

Au moment de la replacer dans la boîte de culasse, mettre une goutte d'huile à la griffe de l'extracteur, au canal de la tête mobile, à la pointe du percuteur, aux rampes du cylindre et du chien et aux crans du chien.

Quand la culasse mobile est remise en place dans la boîte, mettre une goutte d'huile sur la rampe de la tranche postérieure de l'échancrure et sur la rampe de dégagement, puis faire marcher le mécanisme de fermeture.

D. **Comment nettoie-t-on le mécanisme ?**

R. Le mécanisme étant séparé de la monture, en essuyer toutes les parties avec un linge sec, sans le démonter. Enlever avec soin les résidus qui pourraient empêcher le contact des deux planches d'élévateur, en arrière de la charnière. Passer à la pièce grasse l'élévateur, l'intérieur du support d'élévateur et le mécanisme arrière, et, avant de remonter le mécanisme sur l'arme, mettre une goutte d'huile au galet du ressort inférieur d'élévateur, à la bossette de la planche supérieure, au plan incliné du crochet de chargeur, aux deux rouleaux du ressort de crochet, à la goupille de détente, à la tête de gâchette, au crochet antérieur de support d'élévateur.

Il pourra être nécessaire, si les vis qui servent de pivots aux pièces du mécanisme sont grippées ou rouillées, de démonter le mécanisme comme il a été dit plus haut. Dans ce cas, nettoyer avec soin les vis et leurs logements, les débarrasser de la rouille et de la vieille graisse, et les graisser légèrement. Avant de les remonter, mettre une goutte d'huile à la tige de chaque vis, ainsi qu'aux filets.

Ce démontage ne doit être fait qu'en cas de nécessité, sur l'ordre d'un officier ou d'un sous-officier.

D. **Comment entretient-on la monture ?**

R. Si l'arme n'a pas été exposée à l'humidité ou à la pluie, il n'est pas nécessaire de séparer la monture du canon. Essuyer le bois avec un linge sec, et vérifier s'il ne s'est pas attaché de rouille dans le logement du mécanisme et dans le passage du chargeur. S'il en existe, l'enlever avec un morceau de drap imbibé d'huile.

Si la monture a subi les effets de l'humidité, la séparer du canon, l'essuyer dans toutes ses parties et enlever soigneusement la rouille, comme il vient d'être dit, dans les logements du canon, de la boîte de culasse et du mécanisme, sous les boucles, dans le canal de baguette, etc. S'assurer que le passage du chargeur est parfaitement net.

Si, à la suite de pluies, le bois a pris un aspect rugueux, passer dessus un chiffon huilé.

D. **Quels soins donne-t-on aux garnitures ?**

R. Pour les garnitures métalliques, se conformer aux prescriptions générales indiquées ci-après.

Pour la plaque de couche en cuir (carabine de cuirassier), la nettoyer d'abord, s'il y a lieu, avec un linge humide, puis la graisser légèrement avec une huile ou une graisse minérale.

D. **Comment doit-on nettoyer les pièces en acier non bronzées ?**

R. Si elles ne sont pas rouillées, les frotter avec un linge sec.

Si elles présentent des taches de rouille, les frotter avec un linge huilé; il est bon de répandre d'abord un peu d'huile sur les taches, et de laisser la rouille s'imbiber quelques instants. Si les taches ne peuvent s'enlever par ce moyen, employer la brique pulvérisée, tamisée et délayée dans la graisse; frotter avec un linge ou une brosse rude. Essuyer ensuite avec un linge sec et ne laisser aucune autre substance dans les trous des vis ou dans les encastrements.

Si l'on ne peut enlever la rouille par un des procédés précédents, porter l'arme chez l'armurier.

L'emploi de l'émeri ou du grès pour le nettoyage des pièces de l'arme est formellement interdit au cavalier.

Les pièces étant nettoyées, les passer à la pièce grasse. Mettre une goutte d'huile sur les filets des vis.

D. **Comment doit-on nettoyer les pièces bronzées ?**

R. L'emploi de la brosse, et à plus forte raison de la brique, est interdit pour le nettoyage des pièces bronzées; on ne doit employer que des chiffons de linge ou de drap exempts de poussière.

Si la pièce bronzée n'est pas rouillée, la laver au besoin avec un linge mouillé, puis l'essuyer avec un linge sec.

Si elle est rouillée, la frotter avec un linge ou un morceau de drap légèrement gras; lorsque ce moyen est insuffisant, les pièces doivent être portées chez l'armurier.

Les pièces nettoyées, les passer à la pièce grasse.

D. **Comment doit-on nettoyer les pièces en laiton ?** (Têtes de baguette, tête de vis de plaque en cuir).

R. Les nettoyer avec du tripoli ou de la brique pilée. Eviter de les graisser, surtout avec une huile ou une graisse non minérale.

D. **Quels soins le cavalier doit-il donner à sa carabine après chaque travail ?**

R. Retirer de la boîte la culasse mobile; passer à l'intérieur du canon, avec la ficelle, un chiffon sec, puis un chiffon gras; essuyer toutes les parties extérieures de l'arme, y compris le passage du chargeur dans la monture; graisser les pièces en acier. Essuyer et graisser la culasse mobile sans la démonter, à moins que l'arme n'ait été soumise à une forte poussière; dans ce cas, démonter la culasse mobile et en nettoyer toutes les pièces.

Si l'arme a été mouillée, on devra en effectuer le nettoyage complet conformément aux indications ci-dessus. (*Nettoyage après le tir.*)

Le cavalier doit, toutes les fois que cela lui est possible, nettoyer son arme *immédiatement* après s'en être servi: tout retard rend le nettoyage plus long et plus difficile à exécuter. Le nettoyage doit être borné strictement à l'enlèvement de la poussière, de l'humidité, des impuretés ou de la rouille superficielle occasionnée par les exercices ou par le tir; il ne doit jamais être poussé assez loin pour amener une usure accentuée et par suite un changement de forme ou de dimensions des pièces. *Le poli brillant pour les pièces en acier non bronzées est expressément défendu.*

Dans les chambres, les armes sont au râtelier, sans chargeur dans la boîte de culasse et sans cartouche dans le canon, la culasse mobile fermée et le chien à l'abattu. Les pièces en acier doivent être légèrement onctueuses; au moment de se servir de son arme, le cavalier l'essuie avec un linge sec.

Le graissage des armes doit être renouvelé au moins une fois par semaine.

D. **Comment démonte-t-on un revolver ?**

R. On peut procéder au démontage ordinaire ou, exceptionnellement, au démontage complet.

D. **Expliquez le démontage ordinaire.**

R. Mise a découvert de la platine. — Dévisser la vis de plaque-pontet, rabattre la plaque-pontet, enlever la plaquette gauche.

Démontage de la platine. — La platine étant à découvert, ouvrir la porte, placer le revolver dans la main gauche, le pouce contre l'avant de la carcasse, les deux derniers doigts contre l'arrière de la détente. Enlever ensuite les pièces de platine dans l'ordre des numéros qu'elles portent, saisir le grand ressort avec la main droite un peu en avant du tenon; le pousser à droite en le soulevant légèrement pour dégager le tenon de son encastrement; laisser le ressort se détendre librement et l'enlever. Chasser en arrière la crête du chien, enlever le chien. Pousser la détente en avant, dégager la barrette de son logement, la séparer de la détente (on peut retirer à la fois ces deux pièces en agissant sur la queue de la détente).

Démontage du support de barillet. — La porte étant ouverte, dévisser la vis-arrêtoir de support de barillet, retirer cette vis ; rabattre le barillet en demi-à-droite. Pousser le barillet en avant pour faire sortir le pivot de son logement. Le mouvement commencé, rabattre complètement le barillet à droite pour empêcher la branche du ressort de tomber dans la gorge du pivot.

D. **Comment s'opère le remontage ?**

R. Le remontage a lieu dans l'ordre inverse, savoir :

Remontage du barillet. — La vis-arrêtoir de support du barillet étant enlevée et la porte ouverte, engager le bout du pivot du support dans son logement, le méplat contre la branche du ressort, faire glisser le barillet en arrière le long de son axe jusqu'à la butée de la carcasse ; rabattre le barillet en demi-à-gauche pour bander le ressort et presser en arrière le bras de support, de manière à faire entrer le pivot dans son logement ; rabattre complètement le barillet dans sa cage et remettre en place la vis-arrêtoir.

Remontage de la platine. — La porte étant ouverte, remettre en place la détente, la barrette et le chien ; placer le revolver dans la main gauche comme pour le démontage, saisir le grand ressort de la main droite, engager la griffe plate dans son logement en l'appuyant contre le galet de barrette ; comprimer la branche de percussion avec les deux premiers doigts, de manière à amener son galet au contact du chien ; en même temps, pousser le ressort à droite avec le pouce jusqu'à ce que le tenon rentre dans son encastrement. Ce dernier mouvement est facilité en tirant légèrement le chien en arrière avec le pouce de la main droite, tout en maintenant le ressort avec le pouce de la main gauche.

Remontage de la plaque-pontet. — Remettre la plaquette gauche en place ; rabattre à droite la plaque-pontet; visser en pressant la plaque-pontet contre la vis. On facilite la prise des filets en tournant d'abord d'un demi-tour pour dévisser, puis en vissant.

D. **Que savez-vous du démontage complet ?**

R. Ce démontage ne doit être fait ni par les hommes ni par les sous-officiers.

D. **Comment procède-t-on au nettoyage du revolver ?**

R. On démonte le revolver d'après les indications données plus haut, et on nettoie ensuite les différentes pièces en leur appliquant les procédés généraux de nettoyage indiqués pour la carabine.

D. **Que doit-on faire après un tir au revolver ?**

R. Procéder d'abord au lavage du canon et des chambres du barillet. A cet effet, exécuter ce qui est prescrit pour ces parties de l'arme dans le nettoyage complet, mais en se bornant à rabattre le barillet sur le côté sans le démonter et se servant d'abord d'un chiffon mouillé, de façon à enlever par le lavage les résidus de la poudre.

Recommencer l'opération tant que le chiffon sort sale du canon. Essuyer avec un chiffon sec et graisser ensuite.

Essuyer ensuite soigneusement les différentes parties de l'arme. Graisser l'extracteur, huiler le six-pans.

On ne nettoie la platine que si son état l'exige.

CHAPITRE VII

LE CHEVAL

D. **En combien de parties se divise le corps du cheval ?**

R. En deux grandes parties : le tronc et les membres.

D. **De quoi se compose le tronc ?**

R. Il se compose de l'avant-main, qui est tout ce

qui se trouve en avant de la main de bride du cavalier, du corps et de l'arrière-main.

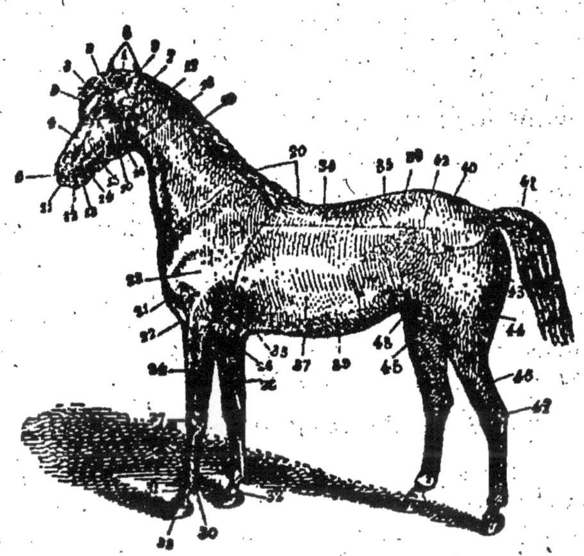

Fig. 1. — Désignation des diverses régions extérieures du cheval.

1. Nuque.
2. Toupet.
3. Front (os frontal).
4. Chanfrein (os sus-maxillaire)
5. Bout du nez.
6. Oreilles.
7. Tempes.
8. Salières.
9. Yeux.
10. Joues.
11. Naseaux.
12. Bouche.
13. Menton et sa houppe.
14. Barbe.
15. Auge.
16. Ganaches.
17. Parotides.
18. Gorge.
19. Encolure.
20. Garrot.
21. Poitrail.
22. Inter-ars.
23. Epaule (scapulum).
24. Avant-bras (radius et cubitus).
25. Châtaigne.
26. Coude (olécrane).
27. Genou (os carpiens).
28. Canon (os métacarpien principal) et pérones.
29. Boulet.
30. Fanon.
31. Paturon (première phalange).
32. Couronne (deuxième phalange).
33. Ongle (troisième phalange).
34. Dos.
35. Rein.
36. Flanc.
37. Côtes.
38. Passage des sangles.
39. Ventre.
40. Croupe.
41. Queue.
42. Hanche.
43. Fesse.
44. Cuisse.
45. Grasset.
46. Jambe (os tibia).
47. Jarret (os métatarsiens)
48. Fourreau.

Dans l'avant-main on remarque la tête, l'encolure, le garrot, le poitrail, l'ars, l'inter-ars et les membres antérieurs.

Au corps se rattachent les parties suivantes : le *dos*, le *rein*, les *flancs*, le *passage des sangles*, les *côtes* et le *ventre*.

L'*arrière-main* comprend la *croupe*, les *hanches*, les *fesses*, la *queue*, l'*anus*, les *mamelles*, les *organes sexuels du mâle et de la femelle*, les *membres postérieurs* (fig. 1).

D. Qu'appelle-t-on tares ?

R. On réserve particulièrement le nom de *tares* aux tumeurs dures ou molles placées le long des rayons osseux et au pourtour des articulations, qui gênent plus ou moins les mouvements des membres et rendent très souvent les chevaux boiteux.

Par extension, on a aussi donné le nom de *tares* à des traces d'accidents ou d'opérations (cheval taré par le feu, par les cicatrices de vieilles lésions).

D. Qu'entend-on par tares dures ?

R. Les tares *dures* ou *osseuses* sont constituées par des tumeurs de volume variable, plus ou moins régulières, qui ont pour cause des tiraillements exercés sur l'enveloppe fibreuse des os (périoste) ou des contusions portées sur ces derniers. L'inflammation qui en résulte amène le plus souvent à sa suite un dépôt de matière osseuse aux points tiraillés ou contus. Mais quelquefois aussi ces tumeurs sont dues à une prédisposition que les animaux tiennent de leurs ascendants, et elles se produisent alors en divers endroits sans la moindre cause apparente.

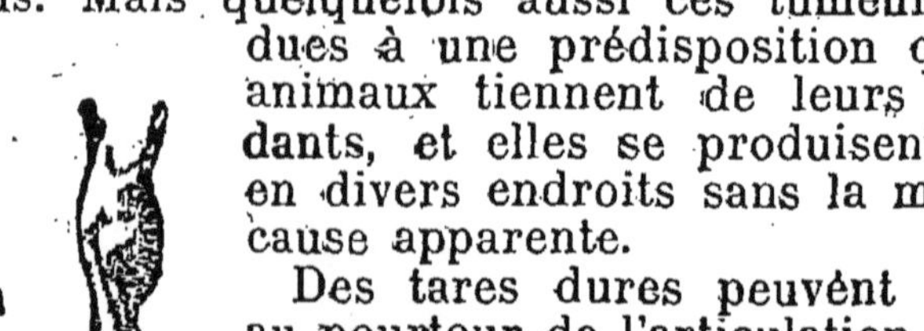

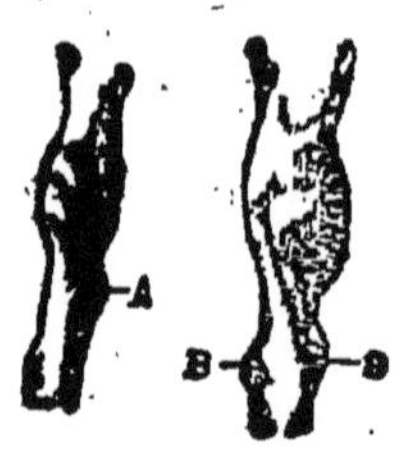

Fig. 2. Fig. 3.

Des tares dures peuvent exister au pourtour de l'articulation du genou, sous forme de petites saillies ou d'osselets. Celles qui viennent de chaque côté du canon, plus souvent en dedans, ont reçu le nom de *suros*. Ceux-ci sont *simples* (fig. 2, A), *doubles* ou *chevillés* (fig. 3, BB). Par leur nombre, leur forme et surtout par leur position à l'égard des tendons et des ligaments, les tumeurs osseuses mettent toujours une plus ou moins grande gêne à la liberté du mouvement. Pourtant, lorsque aucune des parties fibreuses ne se trouve froissée par leur présence, le cheval ne boite guère qu'au moment de la manifestation du mal ou à la suite de longues fatigues. A la région du boulet, ces tares se font remarquer par de petites élévations allongées ou noueuses. Sur les os du paturon et de la couronne, elles prennent le nom de *formes*. On désigne encore sous ce nom l'ossification des cartilages de l'os du pied (fig. 4, c).

Le jarret peut présenter diverses tares osseuses, isolées, dont quelques-unes ont reçu les noms particuliers de *courbe*, *jarde* et *éparvin*.

Fig. 4, c.

D. **Qu'est-ce que la courbe ?**

R. La COURBE (fig. 5, A), est située à la partie supérieure de la face interne du jarret, au-dessus de son pli. Quand elle est peu développée, sa gravité n'est pas grande ; mais lorsqu'elle se porte en arrière, elle borne le jeu de l'articulation et cause quelquefois la boiterie.

D. **Qu'est-ce que la jarde ?**

R. La JARDE (fig. 6, A) survient à la partie inférieure et postérieure de la face externe du jarret. On la remarque particulièrement sur les jarrets coudés et étranglés. Quand la tumeur contourne en arrière la base de cette région, elle fait boiter le cheval ; peu volumineuse, elle est moins grave et prend le nom de *jardon*.

D. **Qu'est-ce que l'éparvin ?**

R. L'ÉPARVIN (fig. 7, A), à l'opposé de la jarde, se développe à la face interne du jarret, au niveau de sa réunion avec le canon. La gravité plus ou moins grande de cette tare dépend de son volume, de sa

Fig. 5. Fig. 6. Fig. 7. Fig. 8. Fig. 9.

forme et de sa position. Situé au-dessus de la châtaigne, l'éparvin offre peu d'inconvénients ; placé plus haut et en arrière, il est assez grave ; mais le plus dangereux se trouve en avant. On donne à cette tare le nom d'*éparvin calleux* et celui d'*éparvin sec* à un mouvement convulsif qui se manifeste dans la flexion du membre postérieur pendant la marche et surtout au départ. Ce mouvement s'exprime par le terme de *harper*, et il a pour inconvénient, chez les chevaux de selle, de nuire à la rapidité des allures.

D. Qu'entend-on par tares molles ?

R. Les TARES MOLLES sont constituées par des tumeurs élastiques, souvent indolentes, qui siègent au pourtour des articulations et sur le trajet des tendons.

Ces tumeurs, dues à l'épanchement et à l'accumulation du liquide (*synovie*) qui facilite le jeu des articulations et le glissement des tendons, ont reçu des noms particuliers suivant les formes qu'elles affectent ou la région qu'elles occupent.

Au jarret, on les désigne sous les noms de *vessigons* (fig. 9, A), de *capelet* (fig. 9, B) ; à la région inférieure des membres, elles prennent celui de *molettes* (fig. 8, A et B).

Les VESSIGONS sont dits *articulaires* ou *tendineux*, *simples* ou *chevillés* ; cette dernière dénomination indique qu'ils existent de chaque côté de la région et qu'en outre ils se trouvent exactement placés vis-à-vis l'un de l'autre (fig. 8, A).

Les molettes peuvent également être chevillées (fig. 8, A B).

A la partie supérieure de sa face externe, le genou peut être affecté d'un vessigon tendineux. Le pli du jarret, à sa face interne, peut aussi être le siège d'un vessigon articulaire ; sur les côtés se remarquent des vessigons tendineux, et sa pointe peut présenter une tumeur appelée *capelet* (fig. 9, B).

FIG. 10.

Le boulet peut être affecté de molettes articulaires et tendineuses. (Voir, pour leur position, les figures 8, A et B, et 10 A.)

En général, ces dilatations ne font boiter le cheval que quand elles se produisent brusquement, mais toutes les tumeurs molles sont toujours une marque de faiblesse ou de fatigue des membres.

D. Qu'appelle-t-on robe ?

R. Le mot *robe* veut dire ensemble des poils et des crins dont l'extérieur du cheval est revêtu.

Les grandes différences de couleur et les nuances variées que présentent les robes empêchent de confondre les chevaux entre eux.

Les robes sont dites :

Simples, quand le poil est d'une seule couleur ; composées, lorsqu'il y en a au moins deux.

On en distingue douze espèces, groupées dans cinq grandes divisions.

Classification des robes.

CATÉGORIES.	DIVISIONS.	ESPÈCES.
Simples........	1re. Une seule couleur......	Blanc. Café au lait. Alezan. Noir.
Composées	2e. Deux couleurs séparées.	Bai. Isabelle. Souris.
	3e. Deux couleurs mélangées..................	Gris. Aubère. Louvet.
	4e. Trois couleurs..........	Rouan.
	5e. Deux robes............	Pie.
2	5	12

Ensuite viennent :

Les variétés dans chaque espèce, qui ne sont que des nuances ;

Les particularités, dues à la présence de poils de couleur autre que celle de la robe, formant des taches plus ou moins étendues, mais trop restreintes pour en changer le fond.

D. **Qu'est-ce qui distingue les robes classées dans la première division ?**

R. Elles sont d'une seule couleur dans les poils et dans les crins.

Il y en a quatre, placées par gradation.

1° Le BLANC, qu'il n'est pas besoin de définir, peut être :

Mat, d'un blanc terne ;

Sale, avec teint jaunâtre ;

Argenté, avec reflet d'argent poli (se voit sur les chevaux de sang et sur les entiers) ;

Porcelaine, avec reflet bleuâtre ;
Rosé, par le reflet de la peau, qui a la couleur de celle de l'homme.

2° Le CAFÉ AU LAIT. Cette expression rappelle la couleur du mélange des deux substances indiquées. Ce poil, peu commun, est :
Clair, si la nuance se rapproche du blanc sale ;
Foncé, quand elle est plus près de l'alezan.

3° L'ALEZAN est d'un blond jaunâtre plus ou moins foncé, jusqu'au brun, avec crins semblables ou presque blancs.

Il y a de nombreuses variétés ; l'alezan :
Clair se rapproche du café au lait ;
Foncé tire un peu sur le brun ;
Doré a le reflet de l'or poli ;
Cuivré a le reflet du cuivre rouge ;
Brûlé a la couleur du café torréfié, presque noir, et toujours les crins un peu roux.

4° Le NOIR, qui se devine, est :
Franc, d'une belle couleur uniforme ;
Mal teint, avec reflet rougeâtre ;
Jai ou *jayet*, avec reflet brillant.

D. **Qu'est-ce qui distingue les robes classées dans la deuxième division ?**

R. Elles sont composées de deux couleurs séparées, l'une dans les poils, l'autre, toujours noire, dans les crins.

Elles sont au nombre de trois :

1° Le BAI, qui correspond à l'alezan avec crins noirs, est une des robes les plus répandues ; aussi présente-t-elle de nombreuses variétés.

Il peut être :
Clair, se rapprochant de l'isabelle, plus clair aux flancs et aux fesses ;
Foncé, d'une teinte un peu brunâtre ;
Cerise, d'une couleur jaune acajou ;
Sanguin, ou rouge de sang ;
Châtain, ou couleur de la châtaigne ;
Marron, ou couleur du marron ;
Brun, presque noir, roux ou cendré aux flancs, aux yeux et au nez.

2° L'ISABELLE correspond au café au lait, avec extrémités noires.

Ce poil, assez rare, peut être :
Clair ou *foncé*, comme pour le café au lait.

3° Le SOURIS est d'une couleur cendrée qui rappelle celle du petit animal de ce nom, avec crins et extrémités noirs ; ce poil, aussi rare que le précédent, peut, comme lui, être :

Clair ou *foncé*, selon que la teinte est plus ou moins prononcée.

D. **Qu'est-ce qui distingue les robes classées dans la troisième division ?**

R. Elles sont composées de deux couleurs mélangées sur le fond de la robe et dans les crins ou dans le même poil.

Elles sont au nombre de trois :

1° Le GRIS, mélangé de noir et de blanc, est :

Foncé, quand le noir domine ;

Pommelé, quand les taches blanches se dessinent ;

Clair, quand le poil noir a fait sa chute ;

Sale, quand la teinte est jaunâtre ;

Etourneau, quand, sur un fond gris foncé, il y a des petits pinceaux de poils blancs ;

De fer, couleur gris bleu, avec la tête noire.

La robe grise est la plus commune.

2° L'AUBÈRE, mélange d'alezan et de blanc, est qualifié de :

Clair, si le blanc domine ;

Foncé, si l'alezan a la prédominance.

3° Le LOUVET laisse voir deux couleurs dans le même poil : du noir et du jaune. Cette robe, très rare, se rapproche du pelage du loup et de certains chiens. Elle est sans variété.

D. **Qu'est-ce qui distingue la robe classée dans la quatrième division ?**

R. Elle est composée de trois couleurs, deux ou trois mélangées.

Il n'y a qu'une espèce assez commune :

Le ROUAN se trouve constitué par le blanc, l'alezan et le noir. Il est :

Clair, suivant la prédominance du blanc ;

Vineux, suivant celle de l'alezan ;

Foncé, suivant celle du noir.

D. **Qu'est-ce qui distingue la robe classée dans la cinquième division ?**

R. C'est une robe composée de deux robes.

Elle est assez rare et constitue le cheval pie.

Le PIE est ainsi appelé parce que sa robe a l'air de résulter de l'assemblage de la robe blanche avec l'une des autres, plus souvent avec les simples.

Il y a des chevaux pie :

Noir ;

Alezan ;

Bai ;

Aubère ;

Rouan.

D. Qu'appelle-t-on « particularités » ?

R. Les particularités des robes viennent principalement de la présence de poils :

Blancs,

Noirs.

Alezans, disséminés ou rassemblés et formant des taches persistantes.

Elles doivent toujours être indiquées avec le plus grand soin, car ce sont elles qui constituent les meilleurs signes distinctifs.

Les deux marques blanches les plus communes et les mieux prononcées se voient à la tête et aux extrémités.

La première porte le nom de *pelote* ou *en tête* ; la seconde, celui de *balzane*.

D. Qu'appelle-t-on signalement d'un cheval ?

R. On donne le nom de signalement à l'énumération des caractères extérieurs qui peuvent faire distinguer un cheval de tous les autres.

Ces caractères se tirent : du sexe, de l'âge, de la taille, de la robe de l'animal, ainsi que des différentes marques naturelles qu'il peut présenter.

Dans les établissements de remonte et dans les corps de troupes à cheval, il n'y a qu'une seule forme de signalement, dont les indications sont énoncées dans l'ordre suivant :

1° Le numéro matricule ;
2° Le nom ;
3° Le sexe ;
4° L'âge ;
5° La taille ;
6° La robe ;
7° Les particularités ;
8° La provenance ;
9° Le prix d'achat ;
10° L'arme.

Des exemples feront mieux comprendre ce précepte :

NUMÉRO MATRICULE.	NOM.	SEXE.	AGE.	TAILLE.	SIGNALEMENT.	PROVENANCE.	PRIX.	ARME.	OBSERVATIONS.
243	*L'Alcide...*	Chev.	6 ans	1m, 54	Alezan doré, en tête mélangée, liste, bordée sur le chanfrein se terminant par du ladre entre les naseaux et aux lèvres ; balzanes latérales droites, la postérieure plus petite.	Acheté à Angers le 3 janv. 1873.	900	Dragons.	Trace de vésicatoires aux fesses.
1856	*Le Muguet.*	Chev.	4 ans	1m, 53	Bai châtain, rubican aux flancs, quelques poils en tête, trois balzanes, dont une postérieure gauche terminée.	Acheté à Tarbes le 6 mars 1873.	700	Chasseurs	Bonne conformation, élégant, beaux mouvements.

D. **Quels soins le cavalier doit-il donner à son cheval avant le travail ?**

R. Avant de monter à cheval, le cavalier doit donner un coup de brosse en chiendent, sur tout le corps du cheval, pour enlever la poussière et le crottin dont il serait souillé, curer les pieds et vérifier l'état de la ferrure, puis passer la brosse humide sur les crins.

Les prescriptions réglementaires pour brider et seller le cheval doivent être observées avec le plus grand soin. Il importe que les cavaliers soient pénétrés de l'importance de ces prescriptions, car leur exacte observation constitue le meilleur moyen d'éviter les blessures.

D. **Quels soins le cavalier doit-il donner à son cheval après le travail ?**

R. A moins de circonstances exceptionnelles, les chevaux ne doivent pas être ramenés en sueur au quartier.

En rentrant, le cavalier attache son cheval hors des écuries toutes les fois que la température le permet; il le débride et le desselle; puis, afin de sécher rapidement le poil, il prend une poignée de paille dans chaque main, frotte énergiquement l'encolure, la poitrine, le ventre et les flancs.

Le cavalier passe deux ou trois fois l'éponge légèrement imbibée d'eau très propre sur la partie du dos où a reposé la selle, dans le sens du poil, de façon à enlever la sueur et les sécrétions de la peau. Il change l'eau à chaque fois; il essuie ensuite avec l'éponge, après en avoir complètement exprimé l'eau, et sèche, autant que possible, la partie mouillée; puis il opère le massage.

D. **Comment exécute-t-on le massage ?**

R. Le massage s'exécute de la façon suivante :

On tapote le dos légèrement avec les mains posées bien à plat, et en changeant de place à chaque tapotement; on masse ensuite avec la paume de la main, en allant toujours du garrot vers le rein.

Plus la peau est fine, plus la sensibilité du cheval est grande, par conséquent plus il faut tapoter et masser légèrement.

Le massage a pour but de rétablir la circulation et doit, pour être efficace, durer de cinq à dix minutes. On achève ainsi de sécher le dos.

Le cavalier brosse ensuite, avec la brosse en chiendent, les cuisses et les jambes, en allant de haut en bas; passe l'éponge mouillée sur les yeux, les naseaux, le fourreau et l'anus, lave les paturons et les sèche soigneusement avec l'époussette formant tampon. Il faut éviter, dans cette opération, d'imprimer à l'époussette un mouvement de va-et-vient qui pourrait irriter la peau et occasionner des crevasses. Puis le cavalier cure les pieds. Si la queue est crottée, il frotte les crins les uns contre les autres et trempe le fouet dans l'eau et l'égoutte.

Il rentre ensuite le cheval à l'écurie et le laisse couvert pendant le temps prescrit. Si le cheval transpire de nouveau quand il est à l'écurie, le cavalier le bouchonne comme il a été prescrit de le faire à la rentrée du travail.

D. **Quel est le but du pansage ?**

R. Le pansage a pour but de débarrasser la peau des corps étrangers qui la souillent et d'en faciliter les sécrétions; il est important qu'elle conserve sa souplesse.

Le pansage a lieu autant que possible après le travail à cheval, et hors des écuries toutes les fois que la température le permet.

D. Comment exécute-t-on le pansage ?

R. Le pansage doit être exécuté avec une grande activité.

Tout d'abord, curer les pieds.

Par exception, et si le cheval a le poil un peu fort, le cavalier se sert de l'étrille; prenant l'étrille de la main droite, il la passe légèrement à rebrousse-poil sur toutes les parties charnues, en commençant par la croupe, et étrillant le côté droit d'abord, le côté gauche ensuite. La tête, le bord inférieur de l'encolure, la base de la queue, les hanches, l'épine dorsale, le fourreau, les mamelles, la face interne des cuisses et des avant-bras, les parties inférieures des membres, ne doivent jamais être touchés par l'étrille.

Si le cheval a le poil fin, ou s'il est tondu, l'emploi de l'étrille est inutile. Le cavalier, à l'aide de la brosse en chiendent, ou du bouchon, fait tomber la boue et la crasse ; puis prenant l'étrille de la main gauche, les dents en dessus, et la brosse à cheval de la main droite, il brosse la tête, puis l'encolure et tout le côté droit, et exécute la même opération du côté gauche, en commençant par la tête, ayant soin, après chaque coup de brosse, donné d'abord à rebrousse-poil, puis dans le sens du poil, de passer la brosse sur l'étrille pour enlever la crasse. Quand l'étrille en est chargée, il la frappe légèrement sur le sol en arrière du cheval.

Le cavalier panse les membres de même, en commençant toujours par la partie supérieure, puis il repasse avec l'époussette sur toutes les parties du corps, pour lisser et lustrer le poil.

Le cavalier brosse ensuite le toupet et la crinière, qu'il ramène par mèches, successivement sur le côté droit, puis sur le côté gauche : il nettoie la queue, en la séparant par mèches, et en brosse le tronçon pour éviter les démangeaisons qu'y produirait la crasse.

Enfin, il passe la brosse en chiendent légèrement mouillée sur tous les crins, éponge le cheval comme il a été prescrit, frictionne les canons et les boulets en les frottant vivement avec les deux mains à plat, en sens inverse, de haut en bas et de bas en haut.

D. Que faites-vous si votre cheval a des croûtes sur la peau ?

R. La peau présente quelquefois des croûtes plus ou moins épaisses; ces croûtes ont le très grave in-

Cavalier au pansage.

Cavalier au massage.

Garde d'écurie.

convénient, non seulement de nuire aux fonctions de la peau, mais surtout de jouer le rôle de corps étrangers entre la selle et les tissus vivants qu'elles recouvrent; elles deviennent ainsi une source de blessures. Pour les faire disparaître, il suffit d'une ou plusieurs applications d'un corps gras qui ne rancisse pas, et, par suite, n'irrite pas la peau.

Le lendemain du jour où l'on a appliqué le corps gras, on fait un savonnage suivi d'un lavage à l'eau ordinaire, pour enlever toute trace de savon.

Cette opération doit se faire sans grattage ni frotement violent, les croûtes devant, pour ainsi dire, se détacher toutes seules.

Le savon ayant l'inconvénient d'amollir les tissus, on ne doit l'employer qu'en cas d'absolue nécessité sur les parties du corps du cheval exposées aux blessures du harnachement; il en est de même du lavage à grande eau.

D. **Quels soins particuliers doit-on donner aux membres ?**

R. Les membres du cheval doivent être l'objet d'une attention constante. Si, en massant les canons et les boulets, le cavalier sent de la chaleur sur quelque partie d'un membre, ou s'il s'aperçoit d'un peu d'engorgement, il en rend compte immédiatement.

Les paturons doivent être tenus très propres, afin d'éviter les crevasses ; on n'y laisse séjourner ni boue, ni sable, ni poussière, et le cavalier signale la plus légère excoriation qu'il y remarque.

D. **Quels soins particuliers doit-on donner aux pieds ?**

R. Les pieds du cheval doivent être l'objet d'une égale attention.

Ils doivent toujours être tenus très proprement; et si, par exception, on les graisse, ils doivent être lavés fréquemment.

En conduisant un cheval à la forge, le cavalier appelle, quand il y a lieu, l'attention du maréchal sur les remarques que lui a suggérées l'examen du pied du cheval depuis la dernière ferrure.

Dans l'intervalle d'un ferrage à l'autre, le cavalier doit s'assurer qu'aucun symptôme morbide ne se produit dans le pied; que la fourchette ne s'atrophie pas; qu'aucun commencement de déformation ne se manifeste, etc.

Les sabots dérobés, cerclés ou fendillés doivent être graissés avec l'onguent de pied.

D. **Quels soins particuliers doit-on donner au dos ?**

R. On habitue le cheval, par une augmentation progressive des charges prescrites par le règlement pour les différentes périodes d'instruction, à porter le poids qui lui est imposé en campagne.

De même, tout cheval qui est resté longtemps indisponible doit être soumis de nouveau à la même gradation.

Avant de seller, ainsi qu'en dessellant, le cavalier examine le dos de son cheval et passe la main sur l'emplacement de la selle, pour s'assurer qu'il n'y a aucune sensibilité. Si le dos est sensible, il en rend compte immédiatement.

Si une bosse se montre après qu'on a dessellé, on continue le massage sur le point lésé et on l'alterne avec l'application d'une éponge imbibée d'eau et maintenue par un surfaix, de manière à produire en même temps une légère compression; à défaut d'éponge, on peut se servir d'une motte de gazon retournée.

Si la bosse disparaît à la suite de ces soins et ne reparaît plus le lendemain, on peut en conclure qu'elle avait été produite par une cause accidentelle (pli de couverture, corps étranger, etc., etc.).

Si la bosse reparaît le lendemain après le travail, elle provient presque toujours du harnachement, et il est nécessaire de vérifier l'ajustage de celui-ci, en se reportant aux prescriptions du règlement.

En principe, un cheval blessé par le harnachement ne doit pas être monté.

On peut, néanmoins, guérir certaines blessures tout en continuant à monter à cheval, en employant des tapis de selle découpés pour isoler la blessure du contact de la selle. Le trou pratiqué dans le tapis doit être un peu plus grand que la blessure; les bords en sont taillés en biseau; la partie de la couverture (placée sous le tapis) qui repose sur la blessure reçoit une toile cirée recouverte d'une légère couche d'un corps gras, quand cela sera possible.

D. **De quoi se compose la ration du cheval ?**

R. Dans la plupart des régiments, on donne la ration suivante :

	Foin.	Paille.	Avoine.
Cuirassiers.	3 k. 500	4 k. 000	5 k. 250
Dragons.	2 k. 500	3 k. 500	5 k. 000
Chasseurs et hussards.	2 k. 500	3 k. 500	4 k. 500

D. **Pourquoi ne donne-t-on pas cette ration dans tous les régiments ?**

R. Parce que certains régiments expérimentent la ration suivante.

Cette ration est :

	Foin.	Paille.	Avoine.
Cuirassiers.	4 k. 000	3 k. 000	5 k. 900
Dragons.	3 k. 500	2 k. 700	5 k. 200
Chasseurs et hussards.	3 k. 000	2 k. 500	4 k. 700

D. **Comment ces différentes rations sont-elles données aux chevaux ?**

R. La composition des repas est indiquée par le capitaine commandant. De plus, l'officier de peloton peut faire diminuer la ration de certains chevaux au profit de certains autres.

Il peut également faire entrer, dans la composition de la ration, des denrées de substitution telles que du son, de la farine d'orge, un barbotage, un mash, etc. Enfin, au printemps, on donne aux chevaux du vert pour les rafraîchir.

D. **Qu'appelle-t-on un barbotage ?**

R. C'est du son bien mouillé avec de l'eau.

D. **Qu'appelle-t-on un mash ?**

R. Les mashs donnés aux chevaux varient dans leur composition selon la nature des cas qui en réclament l'emploi.

En voici un qui est destiné aux chevaux maigres, fatigués, à appétit capricieux :

Foin et paille hachés...	200	grammes de chaque.
Avoine.	500	grammes.
Son.	160	—
Farine d'orge..........	80	—
Sel marin..............	10	—

Ces substances sont disposées dans un seau, l'avoine d'abord, ensuite le foin et la paille hachés.

On verse 2 litres environ d'eau bouillante tenant en solution les 10 grammes de sel marin; puis on ajoute le son et la farine, et on couvre le récipient avec une couverture jusqu'à refroidissement.

D. Combien de fois les chevaux boivent-ils par jour ?

R. En principe, deux fois par jour. Il faut faire bien attention de laisser boire les chevaux autant qu'ils veulent, tout en ayant la précaution de les empêcher de boire trop avidement. Chaque fois qu'un cheval s'échappe de l'écurie, il court à l'abreuvoir, ce qui prouve que beaucoup de chevaux ne boivent pas autant qu'ils en auraient besoin. Aussi, lorsqu'on est aux manœuvres ou au service en campagne, faut-il laisser son cheval boire lorsqu'on rencontre un ruisseau ou un abreuvoir, et que la mission dont on est chargé permet de s'arrêter un instant.

CHAPITRE VIII

LE SERVICE EN GARNISON

D. Quelles sont les principales fonctions qu'un cavalier peut remplir dans le service en garnison ?

R. Il peut être garde d'écurie, factionnaire au poste de police du quartier ou à tout autre poste de la place. Il peut, enfin, aussi être employé comme planton.

D. Quels sont les devoirs d'un garde d'écurie ?

R. Les gardes d'écurie reçoivent et rendent, en présence d'un gradé de service, les consignes et les ustensiles d'écurie. S'il se trouve des objets endommagés ou perdus par leur faute, ils sont punis.

Ils doivent être vigilants jour et nuit, accourir au moindre bruit que font les chevaux, soit qu'ils se battent, s'embarrassent dans leurs longes ou dans leurs bat-flancs, ou se détachent.

Ils sont pourvus de plusieurs licols et de longes de rechange pour attacher les chevaux qui cassent leur licol ou leur longe.

Les gardes d'écurie sont chargés d'entretenir la plus grande propreté dans les écuries, de ne pas laisser séjourner de crottin sous les chevaux et de relever la paille, à mesure qu'elle s'étend, pour la remettre à la litière ou la rejeter dans le râtelier.

Ils exécutent, sous la direction des gradés de service, toutes les prescriptions du capitaine commandant relatives à l'aération des écuries et aux repas des chevaux.

Les gardes d'écurie empêchent qu'on n'entre dans les écuries avec du feu et qu'on n'y fume.

Ils n'en laissent sortir aucun cheval de troupe sans une autorisation donnée dans les conditions fixées par le capitaine commandant.

Ils n'y admettent point de chevaux étrangers au régiment sans un ordre d'un officier ou d'un adjudant.

Les gardes d'écurie rendent compte aux officiers, aux sous-officiers et brigadiers de service des chevaux qui se sont détachés ou échappés, du nombre des licols cassés, des accidents et des indispositions des chevaux. Si ces accidents ou ces indispositions sont d'une nature grave, ils en informent sur-le-champ, pendant le jour, un des gradés de service, et, pendant la nuit, le maréchal des logis de garde.

Les gardes d'écurie rendent compte également au maréchal des logis et au brigadier de garde, lors des visites que ceux-ci font aux écuries pendant la nuit.

D. **Quels sont les devoirs d'un factionnaire à un poste du service de place ?**

R. Les factionnaires peuvent avoir l'arme au pied ou sur l'épaule ; ils ne la quittent jamais, même dans la guérite; lorsqu'ils sont dans le cas de se mettre en défense, ils prennent la position du tireur debout.

Ils doivent toujours garder une attitude militaire, ne parler à qui que ce soit sans nécessité et ne s'écarter de leur guérite à plus de trente pas.

Les factionnaires ne se laissent relever que par un gradé du poste ou le militaire qui en fait fonction; ils ne répètent leur consigne ou n'en reçoivent de nouvelle qu'en présence du chef ou d'un gradé du poste.

Ils doivent protection, sans toutefois s'éloigner de leur poste, à tout individu dont la sûreté est menacée et qui se réfugie auprès d'eux.

La durée de la faction est de deux heures, sauf quand la rigueur de la saison ou des circonstances particulières conduisent le commandant d'armes à la réduire; dans les cas urgents, le chef de poste peut prescrire cette réduction sous la réserve de rendre compte.

Pour rendre les honneurs, les factionnaires s'arrêtent, font face du même côté que leur guérite et mettent l'arme sur l'épaule ou rectifient la position, lorsque le cortège ou les personnes à qui ces honneurs sont rendus sont arrivés à six pas d'eux. Ils restent en position jusqu'à ce qu'ils aient été dépassés de six pas.

S'il arrive qu'un factionnaire ait besoin de se faire relever, il crie : *Chef de poste, venez relever !* Ce cri est transmis jusqu'au poste de factionnaire à factionnaire.

Lorsqu'un factionnaire aperçoit un incendie, il crie : *Au feu !*

Lorsqu'il entend du bruit, voit commettre un délit, est témoin d'un désordre, lorsqu'un individu est poursuivi par la clameur publique, il crie : *A la garde !* Ces cris sont répétés de factionnaire à factionnaire jusqu'au corps de garde : le chef de poste envoie un gradé ou le militaire en faisant fonction avec plusieurs soldats pour procéder aux arrestations nécessaires.

Le factionnaire devant les armes crie : *Aux armes!* lorsqu'il entend battre ou sonner la générale ou lorsqu'il aperçoit la personne ou le corps constitué à qui la garde doit rendre les honneurs.

Pendant la nuit, à partir de l'heure fixée par le commandant d'armes, le factionnaire qui aperçoit une troupe, une ronde ou une patrouille, crie : *Halte-là !* Si la troupe, la ronde ou la patrouille s'arrêtent, le factionnaire crie : *Qui vive !* Sur la réponse : *France, ronde* ou *patrouille !* le factionnaire crie : *Avance au ralliement !* Le chef s'avance et donne le mot de ralliement au factionnaire.

Si la troupe, la ronde ou la patrouille ne s'arrêtent pas, le factionnaire répète : *Halte-là!* Si on continue à avancer sans répondre, le factionnaire prend la position du tireur debout et empêche de passer.

S'il s'agit d'un factionnaire devant les armes, dès qu'il a reçu le mot de ralliement, il appelle le chef de poste qui vient reconnaître.

Les mots sont échangés à voix basse.

L'officier ou le sous-officier de ronde ou le chef de patrouille entre seul au poste. Il appose sa signature et consigne l'heure de son passage sur la feuille de rapport et sur le registre du poste.

Pendant la nuit, si par suite de consignes particulières, ils ne doivent pas se laisser approcher, les factionnaires crient : *Halte-là !* d'une voix forte, à toutes les personnes qui passent à proximité. Si ces personnes ne s'arrêtent pas, ils répètent une seconde fois : *Halte-là !* et, s'il y a lieu, ils crient : *Au large !* pour faire passer du côté opposé.

Si, après qu'ils ont crié deux fois : *Halte-là !* on continue à avancer sans leur répondre, ils prennent la position du tireur debout et empêchent de passer.

Dans les cas d'alarme, de trouble ou d'attaque, lorsque les factionnaires ont leurs armes chargées en exécution des instructions reçues, si l'on continue à s'avancer après leur deuxième cri : *Halte-là !* ils crient : *Halte-là ou je fais feu !* Si, malgré cet avertissement, on continue à avancer, ils font feu et appellent la garde.

Les factionnaires font usage de leurs armes si on les frappe.

Dans les postes placés aux prisons, la consigne générale est complétée, en ce qui concerne les devoirs des factionnaires, par les dispositions ci-après :

1° Les factionnaires veillent à la sûreté de l'établissement et avisent le chef de poste de tout fait de nature à la compromettre;

2° Lorsqu'ils n'ont point, en vertu des instructions reçues, leurs armes chargées, ils disposent de deux cartouches libres qu'ils placent dans la cartouchière qui est le plus à portée de la main;

3° Si un factionnaire voit, pendant le jour, un détenu sur les toits ou escaladant les murs, il lui fait immédiatement la sommation de s'arrêter et donne sur-le-champ l'alarme en criant : *Aux armes !* cri qui est répété par les autres factionnaires;

4° Si le factionnaire constate pendant la nuit une tentative d'évasion, il charge son fusil, en criant : *Halte-là ou je fais feu !* Si, malgré cet avertissement, le détenu ne s'arrête pas, le factionnaire fait feu et appelle la garde;

5° Si un détenu paraît la nuit à une fenêtre non garnie de barreaux, le factionnaire le somme de se retirer et renouvelle deux fois sa sommation. Il ne fait feu qu'après la dernière sommation;

6° En dehors des cas visés ci-dessus, les factionnaires ne doivent faire usage de leurs armes qu'en cas de légitime défense.

D. **Comment un factionnaire rend-il les honneurs ?**

R. Pour rendre les honneurs, les militaires armés de la carabine ou du sabre présentent l'arme ou le sabre. Les militaires armés de la lance se mettent au port de la lance.

D. **A qui les factionnaires rendent-ils les honneurs ?**

R. Les factionnaires rendent les honneurs :

Aux drapeaux et étendards;

Aux officiers des armées de terre et de mer;

Aux troupes en armes;

Aux membres de la Légion d'honneur porteurs des insignes de leur décoration;

Aux convois funèbres.

Ils gardent l'immobilité, la main dans le rang et l'arme au pied pour :

Les adjudants et assimilés;

Les décorés de la médaille militaire porteurs de leur médaille.

D. **Quels sont les devoirs du factionnaire de la garde de police au quartier ?**

R. Les factionnaires de la garde de police ont les mêmes alertes et rendent les mêmes honneurs que les sentinelles des postes de la place.

Le factionnaire placé à la porte du quartier crie : « Aux armes ! » lorsque le colonel vient au quartier, la garde se forme devant le poste, l'arme au pied (ou le sabre au fourreau).

Il s'oppose à ce qu'aucun étranger sorte avec un paquet ou avec une arme, ni aucun brigadier ou cavalier avec un paquet, une carabine ou un revolver, sans l'autorisation du maréchal des logis de garde.

Si l'on jette un paquet hors du quartier, il en avertit le maréchal des logis ou le brigadier de garde.

Il ne laisse entrer aucun chien dans l'intérieur du quartier.

Il ne laisse sortir aucun cavalier avec un cheval sans l'autorisation du maréchal des logis ou du brigadier de garde.

Il ne laisse entrer aucun étranger ni aucun homme de troupe d'un autre corps, sans l'autorisation du maréchal des logis de garde.

Après l'appel du soir, il fait passer au corps de garde les militaires de tous grades qui rentrent au quartier, ou qui en sortent.

S'il aperçoit des lumières dans les chambres de la troupe après la sonnerie de l'extinction des feux, il en avertit le maréchal des logis ou le brigadier de garde.

Les autres factionnaires de la garde de police, outre leurs consignes particulières, ont les mêmes devoirs.

CHAPITRE IX

AU SERVICE EN CAMPAGNE

D. **Quelles sont les fonctions d'un cavalier au service en campagne ?**

R. Ces fonctions consistent soit à observer, soit à transmettre ce qui a été vu; en d'autres termes, *à voir* et *à rendre compte.*

D. **Qu'est-ce que l'orientation ?**

R. L'*orientation* donne le moyen de savoir dans quelle direction l'on se trouve par rapport à la ligne *Nord-Sud*, et permet ainsi de parcourir un terrain inconnu et d'arriver à destination sans s'égarer.

On peut reconnaître la direction du *Nord* par trois procédés principaux :

Au moyen du soleil;

Au moyen de l'étoile polaire;

Au moyen de la boussole.

Pour reconnaître la direction du *Nord* au moyen du soleil, on tourne, à midi, le dos au soleil. Le prolongement sur l'horizon de l'ombre projetée par le corps donne la direction du Nord.

En regardant le Nord, on a le Sud derrière soi, l'Est à sa droite, l'Ouest à sa gauche. Le Nord, le Sud, l'Est et l'Ouest sont ce qu'on appelle les *quatre points cardinaux.*

Entre les directions principales données par les points cardinaux se trouvent les directions intermédiaires suivantes : à droite et en avant, le Nord-Est; à droite et en arrière, le Sud-Est; à gauche et en arrière, le Sud-Ouest; à gauche et en avant, le Nord-Ouest.

Le soleil est à l'Est à 6 heures du matin.

Au Sud-Est, à 9 heures du matin;

Au Sud, à midi;

Au Sud-Ouest, à 3 heures du soir;

A l'Ouest, à 6 heures du soir.

Par suite, en regardant le soleil à ces différentes heures, on détermine, par la ligne prolongée de l'ombre, les directions de l'Est à l'Ouest, du Sud-Est au Nord-Ouest, etc.

Quand la nuit est belle, et que les étoiles sont apparentes, on peut s'orienter à l'aide de l'étoile polaire, qui donne constamment la direction du Nord.

Pour reconnaître l'étoile polaire, il faut d'abord trouver la constellation du *Grand Chariot* ou *Grande Ourse*, composée de sept étoiles. En imaginant une ligne passant par les deux étoiles de derrière du Grand Chariot A B, et la prolongeant vers le haut du Chariot, on rencontre l'étoile polaire, très reconnaissable, parce qu'elle est isolée dans cette partie du ciel et brille d'un éclat particulier.

L'étoile polaire est la dernière étoile d'une constellation qu'on nomme le *Petit Chariot* ou *Petite Ourse*.

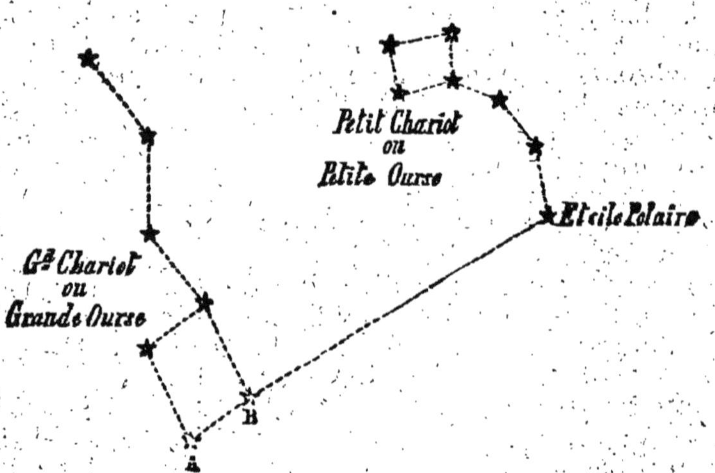

Quand le soleil n'est pas visible, ou que la nuit n'est pas claire, on peut s'orienter à l'aide de la boussole.

La boussole est constituée par une aiguille aimantée renfermée dans une petite boîte. Des deux extrémités de l'aiguille, l'une est blanche, l'autre bleue;

cette dernière possède la propriété de se diriger toujours vers le Nord.

On peut aussi s'orienter, quand le soleil est visible, en se servant d'une montre.

Il suffit de placer sa montre horizontalement devant soi, comme une boussole, et de la tourner de telle sorte que la *petite aiguille*, tournée du côté du soleil, couvre *exactement* son ombre. La bissectrice de l'angle formé par la petite aiguille avec la ligne midi-six heures donne la direction du *Sud*.

Par les temps couverts, de jour et de nuit, on s'oriente par renseignements; on interroge les habitants pour savoir d'eux de quel côté le soleil se lève et de quel côté il se couche. Ces renseignements obtenus, on se place de manière à présenter la droite au levant et la gauche au couchant. On a alors le Nord devant soi.

D. **Que savez-vous du terrain et de ses particularités ?**

R. Le *terrain* est la surface du sol, avec l'ensemble des dispositions variées qui s'y trouvent. Ces dispositions sont de deux sortes : *naturelles*, telles que montagnes, bois, eaux, etc.; *artificielles*, telles que lieux habités, routes, chemins de fer, canaux, etc.

Un terrain est *découvert*, quand aucun obstacle ne gêne la vue; il est *couvert*, quand des bois, des haies, des maisons, etc., empêchent de voir au loin. Enfin, on dit que le terrain est *coupé*, quand des obstacles gênent le libre parcours.

On nomme *montagne* une élévation du sol d'une hauteur considérable; *colline*, une élévation du sol moins considérable ; *mamelon*, une colline isolée dont la partie supérieure est arrondie; *pli de terrain*, une simple ondulation du sol. On appelle *croupe* une surface du sol arrondie en forme de dos d'âne incliné.

On nomme *crête* le sommet d'une élévation; *versant*, la pente qui s'étend du sommet à la base d'une montagne; *col*, le point où la crête d'une chaîne de montagnes s'abaisse et offre un passage d'un versant à l'autre.

On nomme *vallée* une dépression du sol séparant deux montagnes ou collines voisines, au fond de laquelle viennent se réunir les eaux; *vallon*, une petite vallée; *ravin*, un vallon dont les bords sont escarpés; *défilé*, un passage resserré entre deux obstacles.

On nomme *plaine* une certaine étendue de terrain qui ne présente à l'œil ni ondulation ni accident marqué.

On nomme *forêt* une grande étendue de terrain planté d'arbres; *bois*, une étendue moins considérable.

Une *futaie* est une partie de bois, plantée de grands arbres, sous lesquels on peut circuler aisément; un *taillis* est une partie de bois plantée d'arbres peu élevés, parfois difficile à traverser.

Le bord d'un bois se nomme *lisière*. Un *saillant de bois* est une étendue de bois qui se détache de la masse principale, pour former une pointe en avant; un *rentrant de bois* est, au contraire, une échancrure à l'intérieur, formée par la lisière d'un bois; une *clairière* est une partie de bois dégarnie d'arbres.

Les eaux se divisent en cours d'eau qui, selon leur degré d'importance, sont : les *fleuves*, les *rivières*, les *ruisseaux* ; et en eaux stagnantes, qui sont : les *lacs*, les *étangs*, les *mares*, les *marais*.

Dans tout cours d'eau, on nomme *rives* les bords du cours d'eau; elles prennent le nom de *berges* quand elles sont escarpées. La *largeur* du cours d'eau est la distance qui sépare les rives.

La rive droite est celle qui se trouve à la droite d'une personne qui descendrait le cours d'eau; cette personne aurait à sa gauche la rive gauche.

On nomme *lit* le fond du cours d'eau: suivant sa nature, on le dit *vaseux*, *marneux*, de *sable*, de *gravier*.

Le *niveau de l'eau* est la surface du cours d'eau; la *profondeur* est la distance qui existe entre la surface et le fond.

Un point est en *amont* de celui où l'on se trouve quand, pour l'atteindre, il faut remonter le courant; il est en *aval*, quand, pour l'atteindre, il faut descendre le courant.

On nomme *gué* tout endroit d'un cours d'eau où l'eau est assez basse pour permettre de le traverser en marchant. Le fond doit en être assez ferme et assez uni.

On dit qu'un cours d'eau est *guéable* quand il peut être passé à gué sur plusieurs points de son parcours. On dit qu'il est *navigable*, quand un bateau peut y naviguer (1).

On nomme *canal* un cours d'eau creusé de main d'homme.

Les canaux sont souvent bordés de levées de terre ou en maçonnerie, nommées *digues*, qui servent à contenir les eaux.

Une *écluse* est une construction en maçonnerie établie sur un cours d'eau pour retenir ou lâcher les eaux.

Un *barrage* est une construction jetée au travers d'un cours d'eau, généralement près d'une écluse, pour élever le niveau de l'eau; elle offre souvent un moyen de passage.

Les eaux stagnantes situées au milieu des terres forment, suivant qu'elles sont plus ou moins considérables, des *lacs*, des *étangs* ou des *mares*. Les *marais* sont des terrains recouverts d'une couche d'eau plus ou moins profonde, suivant la saison, et généralement impraticables.

On franchit les cours d'eau au moyen de *ponts fixes*, *suspendus* ou *flottants*, ou au moyen de *bacs*.

Les *ponts fixes* sont des constructions de pierres, de bois, de fer, ou de matériaux combinés, élevés d'un bord à l'autre d'un cours d'eau pour le traverser. On y distingue : les *piles*, massifs de maçonnerie ou de charpente de bois ou de fer enfoncés dans le lit du cours d'eau; les *arches*, qui sont la partie d'un pont sous laquelle l'eau passe; elles sont soutenues par les piles qu'elles relient; le *tablier*, qui repose sur les arches. La partie du tablier comprise entre deux piles se nomme *travée*. Le tablier sert au passage; il est bordé de chaque côté par des *parapets*.

Les *ponts suspendus* sont des ponts qui ne reposent pas sur des piles et ont leur tablier suspendu et soutenu par des chaînes ou des fils de fer.

Les *ponts flottants* sont des ponts établis sur des bateaux, des radeaux, des tonneaux.

On rencontre aussi des ponts établis sur des chevalets qui reposent sur le fond du cours d'eau.

Le *bac* est un grand bateau plat qu'on hale au moyen d'un câble tendu d'une rive à l'autre.

---

(1) Pour qu'un cours d'eau soit navigable, il faut qu'il ait 1 mètre au moins de profondeur. Une profondeur d'eau de 50 centimètres rend le cours d'eau *flottable*.

Les lieux habités qui servent à abriter les hommes, les animaux, le matériel, etc., se composent d'habitations isolées, telles que : chapelles, châteaux, fermes, usines, moulins, stations de chemins de fer; de hameaux, de villages, de bourgs et de villes.

On entend par *voies de communication les routes, les chemins, les sentiers et les chemins de fer.* Suivant leur importance, les premières sont classées en *routes nationales, routes départementales, chemins vicinaux, sentiers.*

On distingue dans les routes et les chemins : la *chaussée*, ou partie centrale de la voie, sur laquelle passent les voitures; elle est empierrée ou pavée; les *fossés latéraux*, pour l'écoulement des eaux; les *accotements* ou parties comprises entre la chaussée et les fossés.

La largeur des routes et des chemins, fossés non compris, varie ordinairement : pour les routes nationales, de 10 à 14 mètres; pour les routes départementales, de 8 à 10 mètres; pour les chemins vicinaux, de 6 à 8 mètres.

Un *sentier* est un chemin étroit qui ne sert qu'aux piétons ou aux cavaliers isolés.

Lorsqu'une voie se trouve au même niveau que le terrain environnant, elle est dite *à niveau;* quand elle est plus basse, on la dit *en déblai* ou *en tranchée;* plus haute, *en remblai;* enfin, elle est dite *à flanc de coteau*, quand elle parcourt le versant d'une élévation de terrain, de manière à avoir un de ses côtés en déblai et l'autre en remblai.

Des *bornes* et des *poteaux indicateurs* donnent des indications sur les distances et les directions. En France, en Allemagne, en Autriche, en Italie et en Belgique, ces distances sont exprimées en kilomètres et en hectomètres. Le mille allemand vaut 7 km. 500 environ.

On nomme *carrefour* un point où se croisent plusieurs routes ou chemins.

Les *chemins de fer* sont des voies de communication formées de deux rails ou bandes de métal parallèles, sur lesquelles roulent les voitures. Ils se composent essentiellement : des *rails*, des *traverses*, du *ballast*.

Les détails sur lesquels l'attention doit se porter principalement, dans une reconnaissance de terrain, sont les suivants :

Routes et chemins. — Etat de viabilité ; pentes : largeur du front sur lequel on peut passer; bordés de haies, d'arbres ou de fossés; s'ils vont droit ou s'ils serpentent; en remblai, en déblai ou à flanc de coteau; terrains traversés; rivières, ponts, défilés, lieux habités qu'ils traversent ou qu'ils longent.

Chemins de fer. — Tunnels; ponts; en remblai, en déblai; points de passage; nombre de voies ; leur état, vérification de la largeur; gares, quais d'embarquement; changements de voies, signaux, réservoirs à eau, télégraphe: approvisionnement de charbon; nombre de wagons et de locomotives; classement du matériel roulant.

Cours d'eau. — Points de passage les plus favorables aux troupes de différentes armes. Largeur ; profondeur; nature des rives, leur escarpement, leur élévation relative; position des ponts, leur mode de construction; bacs ou gués (les gués sont généralement situés en aval d'un coude de la rivière, et leur position est presque toujours indiquée par un chemin qui aboutit à la rivière et se prolonge de l'autre côté); direction, nature du fond et largeur des gués; leur profondeur, qui ne doit pas excéder, pour l'artillerie, 65 centimètres, pour l'infanterie 1 mètre (80 centimètres si le courant est rapide), et pour la cavalerie $1^{m},20$; lieux habités situés sur les bords du cours d'eau; ressources en bateaux, bacs, et matériaux qui peuvent s'y trouver. Etat et largeur des chemins qui longent le cours d'eau (1).

Canaux : largeur, points de passage, écluses, déversoirs, barrages; état et largeur des chemins qui les longent.

Digues; leur nature, leur hauteur, leur épaisseur.

Défilés. — Longueur, largeur, viabilité, nature des hauteurs dominantes et des débouchés; moyens de rétablir ou d'intercepter le passage.

Forêts et bois. — Etendue; situation par rapport à la route suivie; voies de communication qui les traversent; nature de la forêt ou du bois; futaies,

(1) Pour franchir un cours d'eau sur la glace, il est nécessaire que l'épaisseur de celle-ci soit au moins de 5 centimètres pour des hommes isolés; 9 centimètres pour des hommes marchant par files espacées; 12 centimètres pour la cavalerie; 14 centimètres pour l'artillerie de campagne à bras; 16 centimètres pour l'artillerie de campagne attelée.

taillis; lieux habités, hauteurs qui peuvent exister aux alentours.

Hauteurs. — Situation, élévation, nature, pentes; moyens d'atteindre leur sommet ou de les franchir.

Plaines. — Etendue; nom et nombre des villages qu'on aperçoit; nature du terrain et des cultures; bouquets de bois, clôtures, cours d'eau ou marais, fossés larges et profonds ou chemins creux, obstacles qui peuvent gêner les mouvements des troupes.

Lieux habités. — Situation et importance ; ressources de toutes natures qu'ils renferment pour la nourriture, l'entretien et le cantonnement des troupes : moyens de transport qu'ils peuvent fournir ; établissements hospitaliers, disposition des principales maisons, des églises ; cimetières, etc., châteaux, usines, gares de chemins de fer, postes télégraphiques.

D. **Qu'appelle-t-on indices ?**

R. Les indices sont des remarques faites sur le terrain, dont on peut tirer des déductions sur la présence de l'ennemi, sur sa force, ses mouvements et ses projets.

Les indices qu'on rencontre le plus fréquemment sont les suivants :

Attitude de la population. — L'inquiétude des habitants, leur insolence si l'on est en pays hostile, sont des preuves à peu près certaines de l'approche de l'ennemi.

Poussière. — Les nuages de poussière qui s'élèvent régulièrement au loin sont généralement soulevés par une colonne en marche. On peut conclure : de leur direction, la direction de marche de la colonne; de leur longueur, la force approximative de la colonne; de leur hauteur et de leur épaisseur, l'espèce des troupes qui la composent. La poussière soulevée par l'infanterie est basse ; celle soulevée par la cavalerie, haute et légère ; pour l'artillerie, la poussière plus épaisse présente des interruptions.

Reflets. — Si les reflets que le soleil occasionne en frappant les armes d'une colonne en marche sont nombreux et brillants, il est probable que cette colonne s'avance; s'ils sont, au contraire, incertains, passagers, inégaux, la colonne se retire.

Feux de bivouac. — L'intensité de la fumée des feux de bivouac pendant le jour, l'éclat et le nombre des feux pendant la nuit, sont aussi des indices dont on doit tenir compte ; cependant, il ne faut pas oublier que l'ennemi allume quelquefois des feux nombreux pour dissimuler un mouvement de retraite.

Bruits divers. — Le roulement des voitures, le claquement des fouets, le hennissement des chevaux, les aboiements prolongés des chiens dans un village, indiquent généralement un passage de troupes.

Traces. — Les traces de pas, les empreintes laissées par les fers des chevaux ou les roues des voitures peuvent servir à reconnaître la direction suivie par les colonnes ennemies, leur composition, leur ordre de marche et leur force.

Si les traces se trouvent seulement sur la route et sur une étroite étendue, la troupe était formée en colonne de marche; si les traces existent des deux côtés de la route, si les champs voisins sont foulés, la colonne était d'une force considérable et marchait en formation de combat.

Bivouacs abandonnés. — Ils permettent de reconnaître la force et l'état moral des troupes qui ont bivouaqué. Des indices de ce genre se rencontrent surtout pendant une poursuite ; ils fournissent d'excellents renseignements.

D. **Comment appelle-t-on un cavalier chargé d'observer ?**

R. Suivant le cas, on l'appelle vedette ou éclaireur.

D. **Qu'est-ce qu'une vedette ?**

R. Les vedettes sont des cavaliers détachés par les postes, autant que possible à portée de la vue ou de la voix, et chargés d'observer.

Une vedette est simple ou double, suivant qu'elle se compose d'un ou de deux cavaliers.

La vedette simple est employée en terrain découvert ou lorsque le poste est très rapproché ; dans ce dernier cas, la vedette peut laisser son cheval au poste et observer à pied.

Les vedettes sont doubles lorsque le terrain est couvert, difficile à surveiller, ou lorsque le poste est éloigné. Les deux cavaliers conservent alors leurs chevaux. L'un observe sans bouger, l'autre patrouille autour, fouillant les couverts rapprochés, ou assure la communication avec le poste et avec les vedettes voisines. La nuit, les vedettes sont toujours doubles.

Au moment de prendre leur service, les vedettes reçoivent du chef de poste les consignes qu'elles doivent observer, ainsi que l'indication du mot de ralliement et des signaux à faire.

Le jour, l'emplacement des vedettes est choisi de manière qu'elles aient des vues étendues dans les directions à surveiller et qu'elles puissent observer les points intéressants tels que les carrefours, les ponts, les passages de voie ferrée. Elles sont autant que possible dissimulées derrière un mur, un pli de terrain, ou un abri artificiel fait de branchages ou de bottes de paille. Si elles sont sur un point élevé, il importe qu'elles ne dépassent la crête que de la tête et qu'elles ne se détachent pas sur l'horizon. On doit éviter aussi de les placer en arrière et près d'un bois ou de hautes cultures où l'ennemi pourrait se glisser pour les enlever.

La nuit, les vedettes sont placées de préférence au bas des pentes et près des chemins.

Les vedettes sont constamment attentives de l'œil et de l'oreille dans la direction qu'elles doivent surveiller. Celle-ci leur est indiquée avec précision par le chef de poste, qui a le soin de les orienter sur des points de repère fixes et bien visibles. Cette précaution est nécessaire, parce que les chevaux se tournent insensiblement dans le sens opposé au vent et à la pluie.

Les vedettes observent spécialement les routes ; elles recherchent avec soin les indices (nuages de poussière, scintillement d'armes) qui peuvent annoncer l'approche d'une troupe ennemie. En toutes circonstances, elles doivent agir avec calme et sang-froid, et ne pas oublier que la sûreté de la troupe à laquelle elles appartiennent repose sur leur vigilance.

Une vedette doit toujours être prête à faire feu. A cheval, elle place sa carabine en travers de sa selle. Elle ne s'asseoit ni ne se couche jamais.

Lorsqu'elle aperçoit quelque chose d'insolite, elle appelle le chef de poste et continue à observer. Celui-ci apprécie la situation et rend compte, s'il y a lieu, au commandant de la troupe.

Les vedettes font feu sur quiconque cherche à forcer leur consigne. Pendant le jour, elles laissent pénétrer dans la zone des cantonnements les officiers et les troupes dont l'identité n'est pas douteuse.

Pendant la nuit, lorsqu'une vedette entend quelqu'un approcher, elle lui crie : *Halte-là !* et répète au besoin ce cri.

Si on ne s'arrête pas, après qu'elle a crié une seconde fois, elle fait feu. Si on s'arrête, elle crie : *Qui vive ?* et lorsqu'il lui a été répondu : *France, ronde* ou *patrouille*, ou : tel corps, elle crie : *Avance au ralliement !*

Si le chef de la troupe ne s'avance pas seul, ne donne pas le mot de ralliement, ou ne fait pas un signal convenu, la vedette fait feu et se replie au besoin sur son poste.

La troupe arrêtée, la vedette prévient le chef de poste, qui vient s'assurer de son identité. Le mot doit être donné à voix basse : on doit éviter tout bruit et tout mouvement inutiles dans le voisinage des vedettes; à cet effet, on peut substituer l'usage des signaux aux interpellations à la voix; les vedettes font alors les premières un signal auquel il doit être répondu par un autre signal convenu.

Le relèvement des vedettes se fait habituellement toutes les deux heures; il a lieu toutes les heures pendant la nuit, et lorsque la température est rigoureuse. Toute vedette qui est relevée indique à celle qui la remplace ce qu'elle a vu et les consignes qu'elle a reçues.

Le chef de poste a le soin d'affecter les mêmes cavaliers aux mêmes postes de vedettes, afin qu'ils aient plus de facilité pour surveiller un terrain déjà connu par eux.

D. **Qu'est-ce que le « mot de ralliement » ?**

R. Le « mot » est l'ensemble de deux noms qui varient chaque jour et sont communiqués à différents éléments du service des avant-postes pour leur donner le moyen de se reconnaître. Le premier s'appelle le « *mot d'ordre* », le deuxième s'appelle le « *mot de ralliement* ». Celui-ci est seul donné aux vedettes.

D. **Qu'est-ce qu'un parlementaire ?**

R. C'est un officier de l'armée ennemie chargé de transmettre des dépêches émanant du commandement qui l'envoie, ou de faire une communication de sa part.

D. **A quoi le reconnait-on ?**

R. Tout parlementaire doit être accompagné d'un trompette porteur d'un drapeau blanc et sonnant des appels. Il est considéré comme neutre.

Lorsqu'un parlementaire se présente, la vedette qui l'aperçoit l'arrête et le fait tourner, ainsi que son trompette, du côté opposé aux cantonnements. Elle appelle le chef de poste, qui vient le reconnaître, reçoit ses dépêches et les envoie au commandant des troupes. Celui-ci en donne reçu.

Pour éviter toute indiscrétion, le chef de poste reste auprès du parlementaire; à l'arrivée du reçu des dépêches, celui-ci est immédiatement congédié.

Si le parlementaire demande à être reçu par le commandant de la troupe, le chef de poste lui fait bander les yeux, ainsi qu'à son trompette, et les conduit au poste, où ils attendent l'ordre d'introduction. Cet ordre ne peut être donné que par le commandant de la troupe lui-même.

Tandis que le trompette reste au poste, le parlementaire est conduit, les yeux bandés, au commandant. Il est ramené ensuite, avec les mêmes précautions, au poste où il s'est présenté. Dans certains cas, le parlementaire doit être retenu temporairement; par exemple quand il a pu recueillir des renseignements ou surprendre des mouvements qu'il importe de tenir cachés à l'ennemi.

Lorsqu'il a été défendu de recevoir les parlementaires, les chefs de poste devant lesquels ils se présentent leur en donnent signification et les renvoient.

Toute conversation avec un parlementaire et avec ceux qui l'accompagnent est rigoureusement interdite.

D. **Que doit faire une vedette qui aperçoit un déserteur ennemi ?**

R. Les vedettes auxquelles se présentent des déserteurs ennemis leur ordonnent verbalement ou par signes de déposer leurs armes, et, s'ils sont à cheval, de mettre pied à terre et de dessangler leurs chevaux. Elles font feu sur eux s'ils n'obéissent pas.

Les déserteurs sont reconnus par le chef de poste et envoyés par ses soins au commandant du cantonnement.

D. **Qu'est-ce qu'un éclaireur ?**

R. Les éclaireurs sont des cavaliers qui marchent

Factionnaire rendant les honneurs.

Vedette à cheval.

Cheval paqueté.

afin d'observer pour le compte d'une avant-garde, d'une reconnaissance ou d'une patrouille.

D. **Comment appelle-t-on un cavalier chargé de transmettre un ordre ou un renseignement ?**

R. C'est une estafette.

D. **A quelle allure doivent marcher les estafettes ?**

R. Tout cavalier estafette portant une dépêche à cheval doit se conformer, pour les allures, aux indications portées sur l'enveloppe.

A la vitesse ordinaire, il fait en moyenne 2 kilomètres de trot pour 1 kilomètre de pas et parcourt ainsi 10 kilomètres à l'heure environ;

A la vitesse accélérée, il fait la route au trot et parcourt alors environ 15 kilomètres à l'heure;

A la vitesse rapide, il fait la route au galop, et marche ainsi à une vitesse moyenne de 20 kilomètres à l'heure.

Tout commandant de troupes est tenu de favoriser, par tous les moyens, la transmission rapide des renseignements soit en fournissant, s'il est nécessaire, des chevaux de rechange aux estafettes, soit en faisant transporter les dépêches à destination par d'autres cavaliers.

D. **Quels sont les devoirs généraux d'une estafette ?**

R. Les cavaliers estafettes choisissent le terrain le plus favorable pour leur marche; en général, ils ont avantage à suivre les chemins si ceux-ci sont libres. Mais ils doivent éviter les lieux habités et les couverts de toute sorte, et chercher toujours à voir assez loin autour d'eux pour ne pas se trouver inopinément en présence d'une troupe ennemie. S'ils sont vus et poursuivis, ils tâchent d'échapper dans la direction générale de leur but, en jugeant de loin les obstacles qui se présentent ainsi que les points où ils sont franchissables, de manière à éviter les crochets trop accentués. La résistance du cheval est, dans ces moments-là, le facteur important: s'il ne peut porter son cavalier assez longtemps ni assez vite pour échapper, il faut que celui-ci se débarrasse, le sabre ou la lance à la main, des poursuivants qui le serrent de trop près. En tout cas, il doit se tenir prêt à détruire sa dépêche, qu'il porte sur lui, sous ses vêtements ou dans son équipement, mais jamais à la main.

CHAPITRE X. — INSTRUCTION SUR LE PAQUETAGE.

PAQUETAGE			
DE CAMPAGNE.	DE TRANSPORT en CHEMIN DE FER.	DE MANŒUVRES ET DE ROUTE.	DE PARADE.
Charge de devant. Dans la sacoche gauche. La trousse en toile cachou contenant le savon, les sous-pieds, brides d'éperons et lacets de rechange. Une brosse à habits, une brosse à laver, une boîte et une brosse à graisse, un paquet de fil, aiguilles et boutons pour 4 cavaliers (1). Une brosse à cheval, une étrille, une éponge. Une ficelle de carabine avec un chiffon. Une serviette. La cuiller. La gamelle contenant un repas froid (placée sur les objets précédents, le couvercle en dessus). 12 paquets de cartouches (8 pour les cuirassiers); 8 de ces paquets sont enfermés dans le sac à cartouches et quatre dans un deuxième sac à cartouches ou un sachet conforme à la description. Ces deux sacs sont placés au-dessus de la gamelle, le sac contenant 8 paquets à la partie supérieure. La longe en corde placée sous le recouvrement de la sacoche où elle est maintenue par le contre-sanglon.	Dans les transports stratégiques : Le bonnet de police La gamelle; La cuiller; Les vivres de chemin de fer s'il y a lieu (4); Le surfaix; La musette-mangeoire sont placés dans l'étui-musette porté en sautoir. Le seau en toile est attaché par-dessus l'étui-musette.	Pour les routes et les manœuvres du temps de paix : Le sac à cartouches et les paquets de cartouches sont remplacés par la chemise-roulée dans l'étui-musette qui est placé au fond de la sacoche. On emporte: une brosse à habits et une brosse à laver pour deux cavaliers. Une brosse et une boîte à graisse par cavalier, un paquet de fil, aiguilles et boutons par cavalier, au lieu d'un jeu de ces effets pour quatre ca-	Les sacoches ne contiennent rien; les courroies sont roulées autour.

Dans la sacoche droite.	Le pétard explosif dans sa gaine. Un sachet contenant 3 rations de sucre et café. Un sachet contenant six pains de guerre. Une boite de conserve de viande. Un paquet de potage condensé. Un couteau à conserves (1 pour 3 cavaliers). Le bonnet de police. La musette-mangeoire contenant 2 kilos d'avoine placée au-dessus des autres effets (2).		valiers. Les vivres de réserve si le couteau à conserves sont remplacés par le caleçon dans la sacoche droite	
Sur le devant de la selle.	Le sac à distribution, contenant à gauche l'étui-musette et le surfaix, à droite la chemise et le caleçon, est tordu en plusieurs tours au milieu pour lui donner l'étranglement nécessaire, puis fixé par ce milieu avec la courroie de pommeau, les bouts attachés en avant et contre les sacoches au moyen des quatre courroies de sacoches, les deux courroies supérieures passant *sous* le contre-sanglon de recouvrement de sacoche. Avant de tordre le sac, on forme avec le caleçon et la chemise un paquet plat de 25 centimètres de longueur et 13 centimètres de largeur qui est placé en long dans le fond du sac. Un paquet semblable formé avec le surfaix et l'étui-musette est introduit en long dans le sac du côté de l'ouverture. Les deux paquets étant ainsi placés, on replie le sac sur lui-même du côté de l'ouverture d'environ 8 à 10 centimètres, puis on le plie longitudinalement pour le tordre et le placer sur la selle comme il est dit plus haut.	Le sac à distribution, qui reste sur la selle, contient : au fond l'avoine en vrac; du côté de l'ouverture le caleçon, la chemise et le surfaix formant un rouleau.	Le sac à distribution renferme à droite le pantalon de treillis, à gauche le bourgeron et le surfaix.	Le sac n'est emporté que lorsque l'ordre en est donné.

(1) Le cavalier porteur du paquet de fil, aiguilles et boutons les place dans sa trousse.

(2) Si l'avoine est consommée en cours de route, on pourra, pour équilibrer le poids, placer la gamelle dans la sacoche droite et la musette-mangeoire vide dans la sacoche gauche.

PAQUETAGE

	DE CAMPAGNE.	DE TRANSPORT en CHEMIN DE FER.	DE MANOEUVRES ET DE ROUTE.	DE PARADE.
	Charge de devant (*suite*).			
Sur la sacoche droite.	La corde à fourrage pliée et arrimée comme il suit : à partir d'un point pris à 10 centimètres de la poulie, replier la corde plusieurs fois sur elle-même de façon à former un faisceau de huit brins de 0m,30; replier ensuite le bout de 10 centimètres et la poulie le long du faisceau et, avec la partie de corde non employée, enrouler le tout très serré en laissant la poulie au dehors, continuer l'enroulement jusqu'au bout et passer l'extrémité libre de la corde dans les quatre boucles qui terminent le boudin ainsi formé. La corde est fixée le long de la sacoche, en arrière du sac à distribution par les deux courroies qui passent sur le boudin, la courroie supérieure étant engagée dans la poulie. Le seau en toile (un pour deux hommes) placé sur le sac à distribution est poussé le plus en avant possible, afin de découvrir la boucle du contre-sanglon de recouvrement de sacoche. Il est maintenu par les deux courroies de la sacoche qui passent dans la croix en ficelle du seau.			Rien sur les sacoches.
	Charge de derrière.			
…sequin.	Le manteau est placé sur la partie postérieure des bandes de manière qu'il soit appuyé derrière le trousssequin. Il est maintenu par les deux courroies latérales de charge de derrière et	Comme dans le paquetage de campagne.	Comme dans le paquetage de campagne, (la demi-ferrure n'est	Le manteau et le sabre (et la cara-

En arrière du trous[sequin]	par deux courroies de manteau munies de passes. Les courroies de charge de derrière sont bouclées de façon que l'ardillon soit tourné vers le bas et que les boucles soient le plus en arrière possible afin d'éviter les dégradations au bois de la carabine. La passe de chacune des courroies de manteau est engagée sous le quartier et le contre-sanglon postérieur, de manière que l'on puisse y introduire, avant de sangler, le contre-sanglon antérieur ou l'enchapure antérieure de la sangle avec ses trois branches de sangle. Du côté où est suspendu le sabre, la courroie de manteau passe sur le sabre.		emportée dans la poche à fers que si l'ordre en est donné).	bine dans les cuirassiers).
A droite.	*A.* — Régiments de cuirassiers : Le sabre suspendu au bouleteau porte-sabre et à la bélière du ceinturon, qui est engagée dans l'anneau du sabre et dans le dé de sûreté du contre-sanglon de panneau. La poche à fers contenant une demi-ferrure, 20 clous, 16 crampons et la clef à taraud (3) (pour les cavaliers armés de la carabine). *B.* — Régiments de dragons et légère : La poche à fers contenant une demi-ferrure, 20 clous, 16 crampons et la clef à taraud (3).			
A gauche.	*A.* — Régiments de cuirassiers : La carabine, dans son étui, suspendue à l'anneau de la selle. La poche à fers (pour les gradés et cavaliers armés du revolver) (3). *B.* — Régiments de dragons et de légère : Le sabre suspendu au bouleteau porte-sabre et à la bélière du ceinturon, qui est engagée dans l'anneau du sabre et dans le dé de sûreté du contre-sanglon de panneau.			

(3) Du 1er avril au 1er octobre, tous les crampons à glace et les clefs à taraud sont placés sur les fourgons-forges. Du 1er octobre au 1er avril, 32 crampons par cheval sont placés dans les fourgons-forges et 16 crampons avec la clef à taraud dans la poche à fers de chaque paquetage.

(4) Indépendamment des vivres de réserve qui sont dans les paquetages, des vivres du train régimentaire et des vivres de débarquement qui sont chargés sur les voitures, la cavalerie emporte pour les transports de concentration, par période de douze heures, des vivres de chemin de fer composés de repas froids fournis par les ordinaires (placés dans la gamelle), de pain et de viande de conserve assaisonnée fournis par l'administration (placés dans l'étui-musette).

D. Comment se roule le manteau pour le porter sur la selle?

R. Le manteau étant déployé dans son entier, la doublure en dessous, les pans boutonnés, la pèlerine relevée en dehors, les manches à plat étendues de toute leur longueur parallèlement aux bords du manteau :

1° Replier le coin extérieur des parements des manches, de manière que les plis formés soient parallèles à la ligne du milieu du manteau et à 0m,62 de cette ligne (0m,45 pour les porte-sacoches d'ambulance médicale ou vétérinaire);

2° Rabattre la pèlerine par-dessus les manches, de manière que les bords affleurent ceux du manteau, les plis intérieurs de la pèlerine compris exactement entre l'écartement interne des manches (exactement entre l'écartement externe des manches pour les porte-sacoches);

3° Rabattre les coins de la pèlerine parallèlement à la ligne du milieu et de manière que le pli formé soit dans le prolongement du pli déjà formé par les parements;

4° Rabattre les deux côtés de la jupe contre ces plis et l'un vers l'autre, les plis parallèles et à 0m,62 (0m,45 pour les porte-sacoches) de la ligne du milieu;

5° Relever le bas de la jupe, perpendiculairement à la ligne du milieu, en formant le pli au premier bouton;

6° Rouler le manteau le plus serré possible, en commençant par le collet; on obtient ainsi un rouleau de 1m,25 pour les régiments de dragons et de cavalerie légère, et de 1m,35 pour les régiments de cuirassiers (1m,90 pour les porte-sacoches de toutes les subdivisions d'armes), que l'on boucle à 0m,10 environ des extrémités avec des courroies munies de passe avant de le cintrer.

D. Comment place-t-on le manteau en sautoir?

R. Pour placer le manteau en sautoir avec les courroies supplémentaires, engager la passe qui termine chacune des courroies dans la partie bouclante de l'autre qui serre l'extrémité du rouleau.

D. Comment s'arrime l'étui de carabine de cuirassiers (nouveau modèle)?

R. L'étui de carabine est attaché à la selle en

bouclant la courroie de suspension sur l'anneau porte-sabre du côté montoir et en engageant la partie de la sangle bouclée au contre-sanglon de derrière de ce côté dans la ganse de la courroie doublée de l'étui.

La carabine, placée dans l'étui, doit être soutenue par le coude que fait l'étui pour contourner le levier et non pas le fond de l'étui.

D. **En quoi consiste le paquetage des hommes à pied?**

R. Les hommes à pied placent leurs effets dans leur sac à distribution et celui-ci dans le fourgon-forge de leur unité.

D. **Comment sont répartis les outils dans l'escadron?**

R. Chaque peloton est ainsi pourvu : une pelle ou une hache, une pioche, une scie articulée, quatre cisailles.

Trois cisailles sont réparties entre le trompette et deux éclaireurs; les autres outils sont confiés aux sapeurs.

Dans les pelotons comptant deux sapeurs, l'un porte la pioche et la scie articulée, l'autre la pelle ou la hache et la cisaille.

Dans les pelotons comptant trois sapeurs, l'un porte la pioche et la scie articulée, un autre la pelle ou la hache, le moins ancien ou le gradé la cisaille.

D. **Où sont placés les outils sur le paquetage?**

R. 1° Dans les régiments de cuirassiers :

La pioche, la pelle et la hache sur la sacoche gauche; la scie articulée sur la sacoche droite; la cisaille sur la sacoche droite ou sur la gauche, suivant que son détenteur emporte un autre outil ou n'en emporte pas;

2° Dans les régiments de dragons et de légère :

La pioche, la pelle et la hache sur la sacoche droite; la scie articulée sur la sacoche gauche; la cisaille sur la sacoche droite par les éclaireurs et les sapeurs non pourvus d'un autre outil et sur la sacoche gauche par les gradés ou cavaliers porteurs d'un autre outil.

D. **Comment s'arriment les outils?**

R. *Pioche.* — Le fer, dans son étui, est placé le long de la sacoche, en arrière du sac à distribution, la pointe en bas, l'ouverture de l'outil contre la sacoche; il est maintenu par les deux courroies de sacoche engagées dans la passe de l'étui.

Le manche, engagé dans son anneau ovale, est suspendu à l'anneau du troussequin, du côté opposé au sabre, au moyen d'un boucleteau analogue au boucleteau porte-sabre, passant dans l'oreille de l'anneau ovale.

Hache. — Le fer, dans son étui, est placé sur la sacoche et le sac à distribution, le tranchant en bas, l'ouverture de l'étui à l'extérieur : il est maintenu par la courroie supérieure de sacoche engagée dans la passe de l'étui et par la courroie inférieure qui passe sur l'outil.

Le manche est porté comme celui de la pioche.

Pelle. — Le fer, dans son étui, est placé sur la sacoche et le sac à distribution, la douille en l'air, le bouton de fermeture de l'étui à l'extérieur : il est maintenu par la courroie supérieure de sacoche engagée dans les passes de l'étui et par la courroie inférieure qui passe sur l'outil.

Le manche, coiffé de sa botte et de son chapeau tronconique, est suspendu à l'anneau du troussequin, du côté opposé au sabre, au moyen d'un boucleteau analogue au boucleteau porte-sabre.

Scie articulée. — La scie, dans son étui, est placée sur la sacoche et le sac à distribution, l'ouverture de l'étui en dehors : elle est maintenue par les deux courroies de sacoche engagées dans les passes de l'étui.

Cisaille et lime. — La cisaille et la lime tiers-point, dans leur étui, sont fixées le long de la sacoche, l'ouverture de l'étui à l'extérieur : elles sont maintenues par les deux courroies de sacoche engagées dans les passes de l'étui.

Nota. — Tous les outils, à l'exception de la pelle, doivent être poussés en avant, de manière à découvrir la boucle du contre-sanglon de recouvrement de sacoche, et à permettre d'engager la courroie supérieure de sacoche sous ce contre-sanglon.

CHAPITRE XI

SIGNAUX

D. **Qu'entend-on par signaux ?**

R. Les signaux sont les divers moyens de communication rapide actuellement en usage pour assurer la transmission des renseignements recueillis ou des instructions données par le commandement.

D. **Quels sont les signaux en usage dans les corps de troupe ?**

R. Les troupes emploient deux catégories de signaux : des signaux alphabétiques, des signaux conventionnels; ces signaux sont constitués par des signes de l'alphabet Morse; ils sont exécutés à bras pendant le jour, avec une lanterne pendant la nuit.

D. **Quelle différence y a-t-il entre les signaux alphabétiques et les signaux conventionnels ?**

R. Les signaux alphabétiques permettent la transmission de dépêches entières; ils sont utilisés quand il n'y a pas possibilité de communiquer autrement et sont transmis ou reçus par le personnel affecté à la télégraphie.

Les signaux conventionnels donnent le moyen de communiquer rapidement des renseignements intéressants; ils sont employés en marche, en station et au combat pour les communications particulièrement importantes; ils doivent être connus par le plus grand nombre de cavaliers possible.

D. **Quels sont les signaux conventionnels ?**

R.

Signaux.	**Traduction.**
▪ ▪ ▪	Ennemi en vue.
▬ ▬ ▬ ▬ ▬	Rien à signaler.

— · — ·	Cavalerie ennemie.
· · — ·	Infanterie ennemie.
— — · —	Transmis de l'avant = Nous attaquons. Transmis de l'arrière = Attaquez.
· · · —	Transmis de l'avant = Besoin de renforts. Transmis de l'arrière = Renforts arrivent.
— · — —	Transmis de l'avant = Besoin de munitions. Transmis de l'arrière = Munitions envoyées.
— · · —	Allonger le tir de l'artillerie.

Remarque. — Le geste relatif à la direction, transmis immédiatement après le signal « ennemi en vue » (· · · ·) indique la direction dans laquelle l'ennemi est signalé.

D. **Comment fait-on les signaux ?**

R. En principe, pendant le jour, les signaux sont faits avec les bras. On peut les rendre plus apparents en utilisant soit des fanions à double face (blanche et rouge), soit des objets quelconques visibles à distance.

La face blanche est employée quand le fanion est manœuvré sur des fonds sombres, la face rouge quand il est manœuvré sur des fonds clairs.

La nuit, on se sert de lanternes.

D. **Comment représente-t-on les signaux ?**

R. Les signaux sont représentés :

De jour. — Le point, par l'apparition d'un seul bras ou d'un seul objet; le trait, par l'apparition de deux bras ou de deux objets;

De nuit. — Le point, par une émission lumineuse courte (une demi-seconde); le trait, par une émission longue (trois secondes).

Intervalle entre chacun des signaux d'une même lettre, environ une demi-seconde.

Intervalle entre deux lettres d'un mot, entre deux chiffres, environ quatre secondes.

Lorsque les circonstances permettent de transmettre sans gêne debout ou à genou, les bras sont placés horizontalement à hauteur de l'épaule pour figurer le point ou le trait.

D. Que faut-il pour être un bon signaleur?

R. Il faut savoir : choisir judicieusement les emplacements, rechercher méthodiquement le correspondant, transmettre les messages dans toutes les positions et en utilisant le terrain; avoir une cadence uniforme.

www.ingramcontent.com/pod-product-compliance
Ingram Content Group UK Ltd.
Pitfield, Milton Keynes, MK11 3LW, UK
UKHW020308220726
13923UKWH00003B/1030

9 782014 456844